일본어
첫걸음

MP3 다운

동인랑

머리말

일본어에 재미를 느끼게 된다면!
일본문화에 새로운 호기심이 생긴다면!

は し が き

요즘 젊은이들... 특히 학생들은 일본이라는 단어에 전혀 불편함이 없다. 그만큼 생활하면서 친숙하게 접할 기회가 많아서이리라...
생각해보니 젊은이들에게는 인터넷, 게임, 애니메이션, 드라마, 영화, J-pop 등등 일본문화를 만나는 일은 너무 흔하게 되어버린 듯하다.
더불어 일본어라는 또 하나의 언어도 쑥쑥 입으로 내뱉는다!

이와는 달리 조금 더 나이가 있는 사람들은 살기 위해서 일본문화를 접하기 시작했다. 취직을하기 위해 또는 자신을 업그레이드하기 위해 서점에서 일본어책을 구입해 요즘의 젊은이들과는 반대로 일본어를 먼저 시작하고 그러면서 조금씩 조금씩 일본에 더 관심을 가졌다.

이 밖에도, 자유여행이 시작되며 일본여행을 위해 일본어에 호기심을 갖는 사람 등등 여러 가지 이유로일본은 점점 우리에게 가까이 다가왔다. 여기에 글로벌시대를 맞이하여 영어이외의 제 2외국어가 선택이 아닌 필수요소가 되면서 일본어는 세계화에 적합한 언어로써의 지위를 획득하기도 했다.

이런저런 많은 이유들로 일본어교재는 많아지고 나도 그 중에 한 권을 선택해 일본어를 시작했었다.그 때에는 문법위주의 일본어 교재가 많았고 문법을 완벽히 끝내야만 일본어회화를 잘 하게 되는 줄 알았다. 워낙에 그런 책들이 대부분이었으니.... 그게 옳다 생각한 것이다.
하지만 그 방법은 일본어 학습의 단편적인 방법 중의 하나임을 그 한참 후에야 알게 되었다.
'좀 더 재미있고 좀 더 쉽게 일본어 회화를 할 수 있는데...' 하는 마음으로 쓰기 시작한

참고 **일본어 첫걸음** 은 이해하기 어렵고 지루한 문법은 최소화하고, 일본어회화에 꼭 필요한 문법 만을 설명하며 무조건 간단하게.. 쉽게.. 재미있게 만들자고 마음먹고 이 책을 썼다.
여러분들도 이책으로 일본어에 재미를 느끼게 된다면.. 일본문화에 새로운 호기심이 생긴다면 여러분은 일본어에 벌써 첫발을 내딛게 된 것이다.

저자 김 인숙

Part 1
오늘의 일본어

Part 2
기본문장

Part 3
본문

이 책의 구성과 활용

Part 1 · 2 _ 일본어 예습하기

일본어의 발음 오십음도

일본어 문자부터 쉽게 시작할 수 있도록, 가나쓰기본을 부록으로 따로 실었다. 여기서는 가장 기본적인 오십음도와 문자를 원어민 발음을 들으며 차근차근 시작하도록 한다.

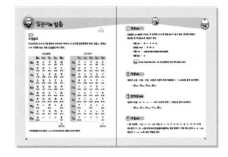

기초 다지기

본문에 들어가기에 앞서 일본어의 가장 기본이 되는 문장을 엄선하여 미리 일본어의 분위기를 파악할 수 있도록 하였다. 이 곳에서 기본적인 일본어를 익히고 본문에 들어가면 훨씬 쉽고 재미있게 일본어를 마스터 할 수 있다.

Part 3 _ 본문

일본에서 사용하는 아주 쉬운 회화

일본인과의 대화에서 꼭 필요한 문장들을 상황별로 나누어 회화를 구성하였다.
일본에 도착하면서부터 현지에서 생활하는데 꼭 필요한 대화들을 현재 구어체에 맞추어 학습할 수 있다.

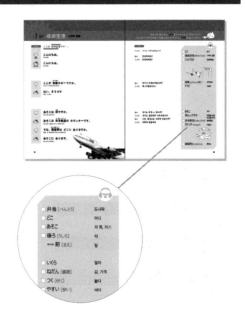

단어

본문대화문 학습 전에 단어들을 미리 공부할수 있도록 본문 옆에 문단별로 정리해서 원어민 발음을 들으며 따라할 수 있다.

ポイント Point　아주 쉬운 해설과 활용

가능한 한 군더더기 없이 간단히 설명하였으며, 포인트부분은
재미있고 이해하기 쉽도록 그림으로 나타내었다.
또한 꼭 알아야할 문법사항은 따로 자세하게 설명하여, 회화
를 하는데 필요한 기본적인 문법사항은 부족함이 없도록 구
성하였다.

문형연습

일본어를 학습하는 이유는 말을 하고 상대방과 대화를 나누기
위함이다. 일본인이 직접 녹음한 발음을 듣고 따라하면서 회
화연습을 할 수 있도록 하였다.
특히 중요문형을 골라 단어만을 바꿔가며 패턴연습을 하도록
하였다. 저절로 입에 달라붙도록 듣고 따라하자.

今の 日本

알아야할 중요한 문장 + 일본문화

각 과별로 상황에 따라 현지에서 자주 사용하는 문장들을 따
로 실었다.
또한, 언어를 잘 하려면 그 나라의 문화를 잘 알아야만 한다.
재미있게 읽어가며, 우리와 다른 일본의 문화를 즐겨보도록
하자.

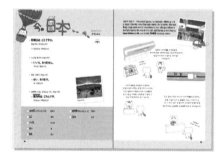

가나쓰기본

일본어 문자부터 쉽게 시작할 수 있도록, 가나쓰기본을 부록
으로 따로 실었다.
재미있는 그림과 함께 쉽게 히라가나를 연상할 수 있도록 하
였으며, 원어민의 발음을 직접 들으면서 글자연습을 할 수 있
도록 하였다.

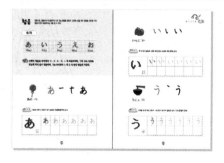

오늘의 일본어

오늘날의 일본어와 일본어의 특징에 대해 알아보고 오십음도와 발음을 익히는 코너이다.
우리말의 발음과 어떻게 다른지 주의해서 연습해 보도록 하자.

열공! 일본어 첫걸음

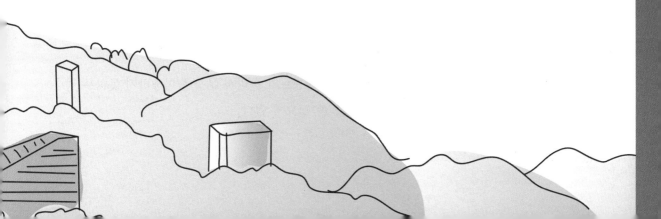

오늘의 일본어

구어口語와 문어文語

구어란, 이 책에 수록된 단어와 문장으로 **현재 일본에서 사용되고 있는 말**을 말하며, 문장이 간략하고 이해하기 쉽다.

문어는 일본에서 예로부터 내려오는 **문장체文章体**를 말하며, 현재는 사용하지 않는 언어이다. 현재와 문법도 다르고 어려운 한자로 쓰여 있다.

공통어

일본어도 지역적, 신분간의 특색 있는 사투리가 있는데 **표준어란, 현재 도쿄東京에서 중류지식층이 사용하는 언어**를 말한다.

문법

일본어는 말의 순서가 우리말과 비슷하여 다른 외국어보다 배우기 쉽다. 또한, 우리말과 같이 각각 하나의 음으로 이루어진 **표음문자表音文字**이며 단어에 남성·여성의 구별이 없고, 단수·복수의 관념이 뚜렷하지 않으며, **경어법敬語法**과 한자를 많이 사용한다.

특징

일본어의 구조는 **자음子音**이 **모음母音** 앞에 붙어서만 발음이 되며, 자음이 받침으로 사용되지 않고 ん만 모음 뒤에 와서 받침의 역할을 한다.

일본어의 액센트는 지방마다 특색이 있으나, 액센트가 틀려서 문장을 이해하지 못하는 경우가 별로 없으므로 초보자는 그다지 신경을 쓸 필요가 없다.

일본어의 문자

일본어를 쓸 때 사용하는 문자는 ひらがな히라가나·カタカナ가타카나 와 漢字한자의 세 종류가 있다.
ひらがな 와 カタカナ는 일본 고유의 문자이며 이들 두 문자를 보통 かな가나 라고 한다.

히라가나 ひらがな

ひらがな는 한자의 까다로운 획수를 생략하여 간단하고 부드럽게 흘림체로 만든 것이다.
오늘날에는 모든 문장, 인쇄, 필기 등에 고루 쓰이고 있다.

가타카나 カタカナ

加 ⋯⋯ カ

カタカナ는 한자의 일부분을 따거나 한자의 획을 간단히 한 문자이다. 오늘날에는 외래어·
인명·지명·의성어·의태어 등과 문장을 강조할 때 쓰이고 있다.

한자 漢字

한자는 우리나라를 거쳐 일본으로 전래되었고, 일본에서는 소학교초등학교 과정에서 교육한
자를 포함하여 996 字를, 중학교 과정에서는 949 字를 합해서 모두 1945 字를 상용한자로
지정하여 1981년부터 가르치고 있다. 일본의 한자는 우리의 한자와 대부분 그 뜻과 쓰는
법이 같으나, 속자에서 비롯된 **신자체** 新字体를 고안하여 배우기 쉽고 쓰기 쉽도록 하였다.

 우리의 한자 正字體 : 體, 學, 會, 國, 讀
　　일본의 한자 新字体 : 体, 学, 会, 国, 読

한자의 읽기는 **음독** 音読 한자를 일본화한 음으로 읽는 방법과 **훈독** 訓読 한자의 뜻으로 새겨서 읽는 방법이 있다.

 体 ┌ たい　　음독 한자를 일본화한 음으로 읽는 방법
　　　└ からだ　훈독 한자의 뜻으로 새겨서 읽는 방법

일본어의 발음

오십음도

ひらがな와 **カタカナ**를 합하여 **かな**라고 부르며, 이 **かな**를 발음체계에 따라, **5段**단·**10行**행
으로 나열해 놓은 것을 **오십음도**라고 한다.

ひらがな

	あ단	**い**단	**う**단	**え**단	**お**단
あ행	あ 아 a	い 이 i	う 우 u	え 에 e	お 오 o
か행	か 카 ka	き 키 ki	く 쿠 ku	け 케 ke	こ 코 ko
さ행	さ 사 sa	し 시 shi	す 스 su	せ 세 se	そ 소 so
た행	た 타 ta	ち 치 chi	つ 츠 tsu	て 테 te	と 토 to
な행	な 나 na	に 니 ni	ぬ 누 nu	ね 네 ne	の 노 no
は행	は 하 ha	ひ 히 hi	ふ 후 fu	へ 헤 he	ほ 호 ho
ま행	ま 마 ma	み 미 mi	む 무 mu	め 메 me	も 모 mo
や행	や 야 ya	い	ゆ 유 yu	え	よ 요 yo
ら행	ら 라 ra	り 리 ri	る 루 ru	れ 레 re	ろ 로 ro
わ행	わ 와 wa	い	う	え	を 오 o
					ん 응 n·m·ŋ

カタカナ

	ア단	**イ**단	**ウ**단	**エ**단	**オ**단
ア행	ア 아 a	イ 이 i	ウ 우 u	エ 에 e	オ 오 o
カ행	カ 카 ka	キ 키 ki	ク 쿠 ku	ケ 케 ke	コ 코 ko
サ행	サ 사 sa	シ 시 shi	ス 스 su	セ 세 se	ソ 소 so
タ행	タ 타 ta	チ 치 chi	ツ 츠 tsu	テ 테 te	ト 토 to
ナ행	ナ 나 na	ニ 니 ni	ヌ 누 nu	ネ 네 ne	ノ 노 no
ハ행	ハ 하 ha	ヒ 히 hi	フ 후 fu	ヘ 헤 he	ホ 호 ho
マ행	マ 마 ma	ミ 미 mi	ム 무 mu	メ 메 me	モ 모 mo
ヤ행	ヤ 야 ya	イ	ユ 유 yu	エ	ヨ 요 yo
ラ행	ラ 라 ra	リ 리 ri	ル 루 ru	レ 레 re	ロ 로 ro
ワ행	ワ 와 wa	イ	ウ	エ	ヲ 오 o
					ン 응 n·m·ŋ

위의 영어발음 표기는 헤본식 ヘボン式 표기로 여권 등에 사용하는 공식표기법이다.

① 청음 清音

오십음도 五十音図에 나오는 각 음절의 **かな**에 **탁점 濁点**이 붙지 않는 글자를 말한다.
발음할 때 무성음으로 발음이 된다.

- 모음 母音 : **あ・い・う・え・お**
- 반모음 半母音 : **や・ゆ・よ**
- 자음 子音 : 오십음 중 모음과 반모음을 제외한 음절모음
- 발음 撥音 : **ん**

> 조사로 쓰이는 **は**는 **わ**[wa]로, **へ**는 **え**[e]로 발음하며, **を**[o]는 격조사로만 쓰인다.

② 탁음 濁音

청음의 **か**행・**さ**행・**た**행・**は**행의 오른쪽 위에 **탁음부호** [゛] **니고리**를 붙여 표기한다.

⋯⋯▸ **が**[ga], **ざ**[za], **だ**[da], **ば**[ba]

③ 반탁음 半濁音

청음의 **は**행 : **は・ひ・ふ・へ・ほ**의 오른쪽 위에 [゜] **마루**를 붙여 표기한다.

⋯⋯▸ **ぱ**[pa], **ぴ**[pi], **ぷ**[pu], **ぺ**[pe], **ぽ**[po]

④ 요음 拗音

い를 제외한 **い**단＋**や・ゆ・よ**로 자음 **き・し・ち・に・ひ・み・り・ぎ・じ・ぢ・び・ぴ**에
반모음인 **や・ゆ・よ**를 작게 써서 한 음절로 발음되는 것을 말한다. 이때 작은 글자 **や・ゆ・よ**는
한글의 **ㅑ・ㅠ・ㅛ**와 같은 역할을 한다.

⑤ 발음 撥音

ん은 다른 글자 밑에서 받침으로 쓰이는데, 우리말의 받침과 다르게 그 다음에 오는 음에 따라 ㄴ·ㅁ·ㅇ으로 각각 다르게 발음된다.

- **[ㄴ]으로 발음할 경우** さ·ざ·た·だ·な·ら 행의 앞에 올 때는 우리말의 받침 ㄴ으로 발음한다.

  예 こんにちは　　　안녕하세요?
  　　곤　니 찌 와

- **[ㅁ]으로 발음할 경우** ま·ば·ぱ 행의 앞에 올 때는 우리말의 받침 ㅁ으로 발음한다.

  예 新聞 [しんぶん]　　신문
  　　　심　　봉

- **[ㅇ]으로 발음할 경우** あ·か·が·や·わ 행의 앞에 올 때나 ん으로 끝났을 때는 우리말의 ㅇ으로 발음한다.

  예 人間 [にんげん]　　인간　　　日本 [にほん]　　일본
  　　　닝　 겡　　　　　　　　　니 홍

   ん의 발음은 다음 발음의 영향을 받아서 변하므로 어느 정도 일본어에 익숙해지면 자연스럽게 발음할 수 있다

⑥ 촉음 促音

っ자의 작은 글자로 다른 글자 밑에서 받침으로 사용되는데, 다음에 오는 글자의 영향을 받아 ㄱ·ㄷ·ㅂ·ㅅ 받침으로 자연스럽게 발음이 변한다.

- **[ㄱ]으로 발음할 경우 :** か행의 앞　　**예** 学校 [がっこう] 학교
  　　　　　　　　　　　　　　　　　　　각 꼬-

- **[ㄷ]으로 발음할 경우 :** た행의 앞　　**예** 切手 [きって]　우표
  　　　　　　　　　　　　　　　　　　　긷 떼

- **[ㅂ]으로 발음할 경우 :** ぱ행의 앞　　**예** 切符 [きっぷ]　차표
  　　　　　　　　　　　　　　　　　　　긴 뿌

- **[ㅅ]으로 발음할 경우 :** さ행의 앞　　**예** 雑誌 [ざっし]　잡지
  　　　　　　　　　　　　　　　　　　　잣 시

⑦ 장음 長音

발음을 길게 하는 것을 장음이라고 하며, 모음인 **あ·い·う·え·お**를 덧붙여서 쓴다. **あ**단 뒤에 **あ**를, **い**단 뒤에 **い**를, **う**단 뒤에 **う**를, **え**단에는 **い/え**를, **お**단에는 **う/お**를 붙인다. 외래어 **カタカナ**의 장음표기는 [ー]부호만으로 나타낸다. 장음도 하나의 독립된 음절이다.

⑧ 외래어

외래어는 **カタカナ**로 표기한다. 일본어 속의 외래어는 발음에 관한 한, 원음을 알고 있더라도 **외래어의 カタカナ표기**로 따로 익히지 않으면 안 될 경우가 많다.

- 장음은 [ㅡ]로 나타낸다.
  - 예 **インターネット** [internet] 인터넷
    인 타- 넷 토
  - **カード** [card] 카드
    카- 도

- [f]음은 **ファ·フィ·フ·フェ·フォ**로 표기한다.
  - 예 **フランス** [France] 프랑스
    후 란 스
  - **フォーク** [fork] 포크
    훠- 크

- [v]음은 [バ]행으로 쓴다. **ヴァ·ヴィ·ヴェ·ヴォ**로 표현하는 경우도 있다.
  - 예 **バイオリン** [violin] 바이올린
    바 이 오 린
  - **バター** [butter] 버터
    바 타-

와~바이올린 멋지다~

일본어란? 일본어의 **특징**

1 때에 따라 다른 인사말

우리말은 아침이나 점심, 저녁에 따라 인사말이 모두 같지만, 일본어는

아침 보통 오전 10~11시.
점심 오후 4~5시까지.
저녁에 따라 모두 다르다.

오전 10시 ~11시

おはよう ございます
오 하 요~ 고 자 이 마 스

굿모닝~
Good morning~

おはよう ございます는 아침 인사말로, **안녕하세요**라는 뜻이다.
오 하 요~ 고 자 이 마 스
아침 출근이나 등교시에 사용한다. 친한 사람들끼리는 뒤의 말을 생략하고 **おはよう**라고도 한다.
오 하 요~

점심 인사말은 **こんにちは**로 원래 **오늘은**이라는 뜻으로, 뒤에 **어떻**
곤 니 찌 와
습니까?라는 말이 생략된 것이다. 저녁 인사말은 **こんばんは**이다.
곰 방 와

졸려 졸려~

こんばんは
곰 방 와

は의 2가지 읽는 법!

おはよう ございます나 글씨연습에서의
오 하 요~ 고 자 이 마 스
は는 [하 ha]로 읽는다.

그러나 **こんにちは**나 **こんばんは**에서와
곤 니 찌 와 곰 방 와
같이 조사로 쓰일 때는 [와 wa]로 읽는다.

2 일본인의 성 姓

あべ는 일본인의 성으로, 일본인은 보통 이름을 부르지 않고 성을 부른다. 그리고, 뒤에 ~さん을 붙여서 ~씨, 님의 뜻을 나타내곤 한다.
아 베
상
즉, ~さん은 사람의 성·이름·직업·직책 등에 붙어서 상대방에 대한 존경이나 경의의 뜻을 나타낸다.
상
김씨, 이씨와 같은 일본인의 성姓이란?
아베~
あべ

きのくに屋
たなか
田中さん、こんにちは。
다나까 상 곤 니 찌 와
다나까씨, 안녕하세요.
かちょう
課長さん、こんにちは。
가 쬬-상 곤 니 찌 와
과장님, 안녕하세요.
회사 땡땡이 중;;;

福

일본인의 이름과 성을 합하면, 주로 4글자이다.
우리나라와 마찬가지로 한문을 이용하는데
주로 성이 2글자, 이름이 2글자이다.
우리 나라가 주로 성이 1글자인 것과 다르다.

일본에서 전화를 걸 때는 우리나라처럼
[아베씨 바꿔주세요]라고 하면, 그 집
가족이 모두 [아베]이므로 누구를 찾느냐
고 다시 한 번 물어 온다.

이럴땐 이름을 말해야 하는데, 평상시에 이름을 잘
안 부르고 성만 부르던 사람은 이름이 잘 생각이 안
나 황당할 때가 있다.
결국 이럴 때는 [~에서 일하는 아베씨 좀 바꿔
주세요] 라고 한다.

이름 모를 수도 있지...ㅎㅎ

3 띄어쓰기가 없다

일본어는 원래 띄어쓰기가 없다.
일본의 신문이나, 잡지, 책들을 보면
띄어 쓰기가 없다.

그러나 일본의 소학교(초등학교) 학생들이나 외국인들의 교재에서는 알아보고 이해하기 쉬우라고 띄어쓰기를 한다. 여러분들도 일본어를 배우는 학습자들이므로 본 책에서는 띄어쓰기를 했다.

난
일본어 초급자인데...;;;
뭔 소린지...ㅠ,.ㅠ

4 쉼표〔、〕와 마침표〔。〕

일본어의 쉼표나 마침표는 우리나라와 달라서 쉼표는 〔 、〕, 마침표는 〔 。〕이다. 지금껏, 그 차이를 몰랐다면, 자세히 이 책을 살펴보자. 이제 그 차이를 알 수 있을 것이다.

우리나라와 달라요!

쉼표 、

마침표 。

これはりんご、あれはなしです。
고 레 와 링 고 아 레 와 나 시 데 스
이것은 사과, 저것은 배입니다.

내 똥배는 쳐다보지마...

5 일본어의 어순은 우리나라와 같다

일본어는 말의 순서 `어순` 가 우리나라와 같다.
즉, 우리가 말하는 순서와 일본인이 말하는 순서
가 같아서 보통 주어가 맨 앞에, 동사 `서술어` 가
맨 뒤에 온다.

わたしは、がくせいです。
와 따시와 각세- 데스
나는 학생입니다.

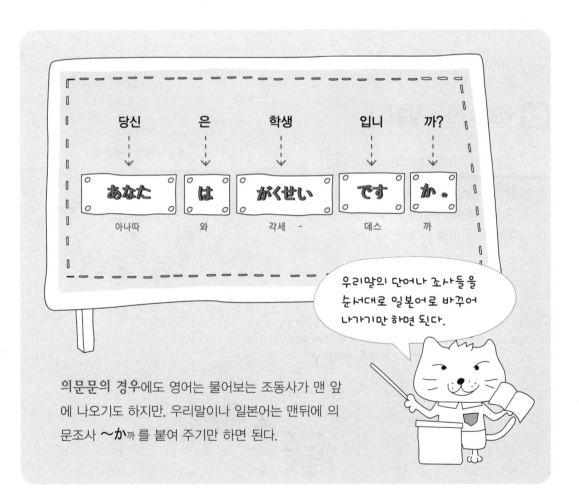

당신	은	학생	입니	까?
↓	↓	↓	↓	↓
あなた	**は**	**がくせい**	**です**	**か．**
아나따	와	각세-	데스	까

우리말의 단어나 조사들을
순서대로 일본어로 바꾸어
나가기만 하면 된다.

의문문의 경우에도 영어는 물어보는 조동사가 맨 앞
에 나오기도 하지만, 우리말이나 일본어는 맨뒤에 의
문조사 **〜か**까 를 붙여 주기만 하면 된다.

이미 알고 있는 한자漢子를 일본어로 어떻게 읽느냐만 공부하면 된다. 같은 한자 문화권이기 때문에 한자를 따로 공부할 필요가 없다.

일본인은 한자의 약자를 많이 사용한다. 약자만 사용하고 원래의 글자는 사용하지 않으므로 이런 한자는 나올 때마다 체크해 두도록 하자.

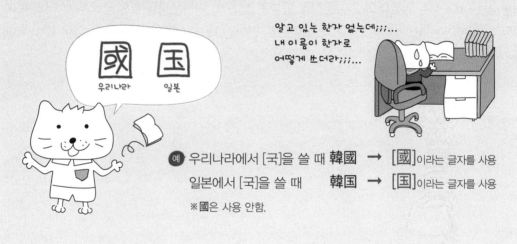

알고 있는 한자 없는데;;;...
내 이름이 한자로
어떻게 쓰더라;;;...

國 国
우리나라 일본

예 우리나라에서 [국]을 쓸 때 **韓國** → [國]이라는 글자를 사용
일본에서 [국]을 쓸 때 **韓国** → [国]이라는 글자를 사용

※國은 사용 안함.

같은 한자라고 해도 우리말은 대개 한 가지로만
읽지만, 일본어의 발음은
① 음으로읽는 경우
② 훈으로 읽는 경우
③ 음과 훈을 섞어서 읽는 경우 등이 있다.

각각의 쓰임에 따라 다르게
읽으므로 어느 정도 익숙해질
때까지 단어를 외어야 한다.

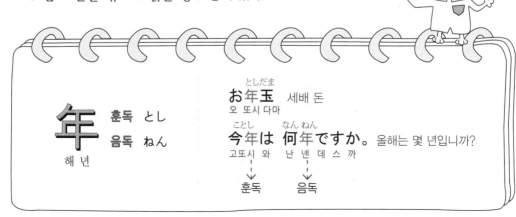

年
해 년
훈독 とし
음독 ねん

としだま
お年玉 세배 돈
오 또시 다마

ことし なん ねん
今年は 何年ですか。 올해는 몇 년입니까?
고또시 와 난 넨 데 스 까
↓ ↓
훈독 음독

Part 2

기본문장

이제부터는 아주 쉬운 일본어의 기본문장을 공부하겠다. 이 기본문장들은 달달 외워서 머리 속에 꼭 넣어두자. 일본어는 어순이 우리말과 유사하므로, 단어만 바꿔서 말하면 한 문장 외운 것이 10문장, 20문장이 될 수 있다.

1. 기본문장

あなたは 学生ですか。　　　당신은 학생입니까?
아 나 따 와　각 세- 데 스 까

⋯ はい、わたしは 学生です。　네, 저는 학생입니다.
하 이　와 따 시 와　각 세- 데 스

① わたし・あなた

わたし와따시는 나, 저라는 뜻이며 わたくし와따꾸시라고도 한다. 이 말은 わたし와따시 보다 더 격식을 차린 정중한 표현이다.
あなた아나따는 당신, 너라는 뜻으로, 손아랫사람이나 동등한 사람에게 사용하는 말이다. 손윗사람에게 이 말을 사용하는 것은 실례이므로, 이럴 경우는 이름이나 직책 뒤에 ～さん상을 붙여 부르는 것이 좋다.

　예 わたしは イミナです。　　저는 이미나입니다.
　　　와 따 시 와　이 미 나 데 스

　　남자의 경우 ぼく보꾸, おれ오레, 젊은 여자나 여학생의 경우 あたし아따시 라고도 한다.

② ～は

～は와는 우리말의 ～은/는의 뜻이며, 이런 것을 조사라고 한다. 이처럼 ～は와가 조사로 쓰일 때는 하[ha]가 아니라 와[wa]로 발음한다.

　예 わたしは 学生です。　　나는 학생입니다.
　　　　　　　がくせい
　　　와 따 시 와　각 세- 데 스

学生각세-란 말은 앞에서도 나왔지만, 學生학생이라고 우리식의 한자를 쓰지 않고, 약자만 쓴다. 그리고 우리는 학생이라고 읽지만 일본어에서는 がくせい각세-라고 읽는다.

③ ～です

～です데스는 ～입니다 라는 뜻으로 앞에 명사가 와서 정중한 표현을 나타낸다. 그리고 동년배나 친구사이에서는 정중한 표현인 ～입니다 대신 ～だ다 ～이다 라고 한다.

예 わたしは 学生だ。
　　와 따 시 와　각 세 - 다
나는 학생이다.

⋯▸ わたしは 学生です。
　　와 따 시 와　각 세 - 데 스
나는 학생입니다. **정중한 표현**

④ ～か

～か까는 문장 끝에 붙어서 의문을 나타낸다. 우리말의 ～까?에 해당하며, 발음도 비슷하기때문에 쉽게 알 수 있다. 그리고 ～です데스에 붙으면 ～ですか데스까가 되어 ～입니까?를 나타내는 표현이 되는 것이다.

 일본어의 의문문에는
[? 물음표]를 사용하지 않고 [。]를 사용하며, 끝을 약간 올려 읽으면 의문의 느낌이 든다.

예 あゆみさんは 学生ですか。♪
　　아 유 미　상　와　각 세 - 데 스 까
아유미씨는 학생입니까?

5 はい・いいえ

はい 하이는 **예**의 뜻으로, 긍정의 대답을 뜻한다. 부정의 대답은 いいえ 이-에 **아니오**이며,
가까운 사이에서는 줄여서 いえ 이에 라고도 한다.

긍정 はい　예
　　　　하 이

부정 いいえ　아니오
　　　　이 - 에

예 きむら君は　学生ですか。　　　　　　　기무라군은 학생입니까?
　　　くん　　がくせい
기 무 라 꿍 와　각 세-데 스 까

⋯▶ はい、わたしは　学生です。　　　　　　네, 저는 학생입니다.
　　　　　　　　　　がくせい
하 이　　와 따 시 와　각 세-데 스

⋯▶ いいえ、わたしは　学生では　ありません。　아니오, 저는 학생이 아닙니다.
　　　　　　　　　　がくせい
이-에　　와 따 시 와　각 세-데 와　　아 리 마 셍

---

6 ～では ありません = ～じゃ ありません

그럼 **아니오, 나는 학생이 아닙니다**는 어떻게 할까? 앞에서부터 순서대로 우리말을
일본어로 바꾸어 나가기만 하면 되며, **～이 아닙니다**는 **～では ありません** 데와 아리
마셍이라고 한다. 다시 말해, ~~～です 데스의 부정은 ～では ありません 데와 아리마셍~~ 이
며, 주로 いいえ와 함께 쓰인다.

いいえ、　わたしは　　学生　　では　　ありません。
　　　　　　　　　　　がくせい
이 - 에　　　와 따 시 와　각 세-　　데 와　　　아 리 마 셍

아니오,　　　나는　　　학생　　　　　이 아닙니다.

예 いいえ、わたしは　がくせいじゃ　ありません。　아니오, 나는 학생이 아닙니다.
이-에　와 따 시 와　각 세-　쟈- 아 리 마 셍

26

2.기본문장

あなたも 学生ですか。
아 나 따 모   각 세 - 데 스 까

당신도 학생입니까?

···> はい、そうです。
하 이   소 - 데 스

네, 그렇습니다.

---

1 ～も

～もモ 는 ～도라는 뜻으로 같은 종류의 것을 나타낸다.

(예) わたしも 学生です。
와 따 시 모   각 세 - 데 스

나도 학생입니다.

---

2 はい、そうです。

そうです 소-데스는 그렇습니다라는 뜻으로, 상대방이 물어본 것에 대해서 긍정할 때 대답하는 말이다. 즉, 나도 학생입니다라는 말을 생략하고 이 말 한마디로 표현하는 것이다. 일본어에서는 이렇게 생략하고 말 한마디로 표현하는 경우가 많으므로 잘 알아 두자.

いいえ、そうでは ありません。이-에, 소-데와 아리마셍 = そうじゃ ありません。소-쟈 - 아리마셍
그렇지 않습니다 이다.

(예) あなたは 先生(せんせい)ですか。
아 나 따 와 센 - 세 - 데 스 까

당신은 선생님입니까?

···> いいえ、そうでは ありません。
이 - 에   소 - 데 와 아 리 마 셍

아니오, 그렇지 않습니다.

3.기본문장

ここに にほんごの ほんが あります。
고 꼬 니 니 홍 고 노 홍 가 아 리 마 스

여기에 일본어 책이 있습니다.

① ~に

ここ 고꼬는 여기라는 뜻으로 장소를 나타내는 말이다. ~に니는 ~에라는 뜻으로 장소를 나타내는 말과 함께 쓰이는 조사이다. 이 두말이 합쳐져서 여기에라는 뜻이 된다. 주의할 것은 우리말에서는 여기라는 표현으로 조사 ~에를 생략하는 경우가 많은데, 일본어에서는 ~に니를 생략하지 않는다. 일본어가 우리말과 비슷하긴 하지만, 이런 차이점은 잘 알아두어야 올바른 일본어를 할 수 있다.

예) そこに 本が ありますか。　　　　거기에 책이 있습니까?
소 꼬니 홍 가 아 리마스 까

⋯➤ ここに あります。　（○）　　　　여기(에) 있습니다.
고꼬 니 아 리마스

ここ あります。　（✕）
고꼬 아 리마스

② ~の

~の 노는 ~의라는 뜻으로 명사와 명사사이에 넣어 주는 조사이다. 우리말에서는 이 말을 주로 생략하지만 일본어에서는 특수한 단어를 제외하고는 반드시 の노를 넣어 주어야 한다.

주의!
우리말로 해석을 할 때는 오히려 어색한 경우가 많으므로, 해석을 꼭 할 필요는 없다.

명사 ✚ の ✚ 명사

예 にほんご + の + ほん　일본어 책　　　おとこ + の + ひと　남자
　　　니 홍 고　노　　홍　　　　　　　　　　　오 또 꼬　노　　히또

③ ～が

～が가는 우리말의 ～이/가의 뜻으로 주격조사이다. ～는와 ～은/는과 구별해서
외어 두자.

예 わたしが 金です。　　　　　　내가 김입니다.
　　　와 따시 가　김 데 스

④ あります · ありません

あります아리마스는 있습니다의 뜻으로, ある아루 있다의 정중한 표현이다. 즉, ある아루
에 ～ます마스가 붙어서 あります아리마스가 된 것이다. 이것은 사물이나 식물 등 스스
로 움직일 수 없는 것의 존재를 나타낸다.

る➡り

ある ✚ ～ます ＝ あ り ます
아 루　　　　마 스　　　아 리 마 스

예 ここに かばんが あります。　　여기에 가방이 있습니다.
　　　고 꼬니　가 방 가　아리마 스

ここには はなが ありません。　여기에는 꽃이 없습니다.
고 꼬 니 와　하 나 가　아 리 마 셍

 주의!
부정표현은 **ありません** 아리마셍 없습니다로 ～では ありません ~데와 아리마셍 ～이 아닙니다
와 혼동하지 않도록 주의해야 한다.

4. 기본문장

へやに おとこの ひとが います。
헤 야 니 오 또 꼬 노 히 또 가 이 마 스

방에 남자가 있습니다.

① ひと

へや 헤야는 방이라는 뜻으로 한자로는 部屋 라고 쓴다. おとこの ひと 오또꼬노 히또는 남자
라는 뜻으로 男の人 라고 쓴다. 남자, 여자라고 해서 男, 女 라고만 쓰는 경우가 있는
데, 이것은 사내, 계집이라는 어감이 있어서, 예의에 어긋나는 경우가 많으므로 주
의하는 것이 좋다.

그리고 ひと 히또라는 말 대신에 かた 가따를, だれ 다레라는 말 대신에 どなた 도나따라는
말을 쓰면 존경의 의미를 나타낼 수 있는데, 이와 같이 일본어에는 말 자체에 존경
의 뜻을 가진 단어가 많이 있다.

보통어	존경어
ひと 히또 사람	かた 가따 분
だれ 다레 누구	どなた 도나따 어느 분

예) あの おんなの ひとは だれですか。   저 여자는 누구입니까?
　　아 노 　온 나 노 　히또와 　다 레 데 스 까

　　あの おんなの かたは どなたですか。 저 여자 분은 누구십니까? **정중한 표현**
　　아 노 　온 나 노 　가 따 와 　도 나 따 데 스 까

② います · いません

います 이마스는 있습니다의 뜻으로 いる 이루 있다의 정중한 표현이다. 단, 있습니다라는 표현은 앞에서 배운 あります 아리마스 ⑫ 29참조도 있는데, 이 말도 있습니다와 뜻은 같지만 사용하는 방법이 다르다. います 이마스는 사람이나 동물 등 스스로 움직일 수 있는 것의 존재를 나타낼 때 쓰인다.

$$いる \ + \ 〜ます \ = \ います$$
이루　　　　　마스　　　　　이마스

예 田中さんが へやに います。　다나까씨가 방에 있습니다.
다 나까 상 가　헤 야니　이마스

犬は いますが、猫は いません。　개는 있습니다만. 고양이는 없습니다.
이누 와 이 마 스 가　네꼬 와 이 마 셍

 주의!
부정표현은 いません 이마셍 없습니다 이다. ありません 아리마셍과 비교해서 알아두자.

5. 기본문장

これは わたしの ラジオです。
고 레 와　와 따 시 노　라 지 오 데 스

이것은 나의 라디오입니다.

① これ · それ · あれ · どれ

これ 고레는 이것이라는 뜻으로, 물건을 나타내는 지시어이다. 더욱 자세한 것은 뒤
에서 공부하기로 하고, 여기서는 이것, 그것, 저것, 어느 것에 관한 것만 공부하기
로 하자.

이것	그것	저것	어느 것
これ 고레	それ 소레	あれ 아레	どれ 도레

예 **それは 何ですか。**　　그것은 무엇입니까?
소 레 와　난 데 스 까

···▶ **これは 電話です。**　　이것은 전화입니다.
고 레 와　뎅 와 데 스

② ～の

여기서의 の노는 단순히 명사와 명사사이에 넣는 の노가 아니라, 앞과 뒤에 오는 명사끼
리의 소유관계를 나타낸다. 이러한 때는 우리말로 ～의라고 해석이 된다.

예 **わたしの　かばん**　　나의 가방
와 따 시 노　가 방

③ カタカナ의 사용

ラジオ 라지오는 가타카나이다. 앞에서도 말했지만, 일본어에서 외래어나 강조하고 싶은 말은 가타카나로 표기하는데, 현대 일본어에서는 상당히 많이 사용되므로, 어렵더라도 꼭 외우고 넘어가야 한다. 일본의 잡지나 광고, 간판 등을 보면 대부분 가타카나로 되어 있을 정도다.

일본인은 음운조직상 외래어를 그대로 발음하기가 어려워서 우리와 달리 자기들의 발음에 맞추어 읽고 쓰는데, 외래어의 원음을 알고 있더라도 가타카나식의 발음을 하지 않으면 일본사람들은 알아듣지 못할 때가 많다.

ラジオ 라지오는 라디오를 말하며, 영어로는 **radio**이다. 특히, 일본어 고유의 말이 있으면서도 외래어를 쓰는 경우가 있는데 그 대표적인 것이 맥주 ビール 비-루 beer이다.

コンビニ 콤비니　　편의점

convinience store

デパート 데파-토　　백화점

department

コーヒー 코-히-　　커피

coffee

일본에서 쓰이는 숫자

0	1	2	3	4	5
ゼロ(れい) 제로/레-	いち 이찌	に 니	さん 상	よん/し 용/시	ご 고
	6	7	8	9	10
	ろく 로꾸	しち/なな 시찌/나나	はち 하찌	きゅう(く) 뀨-(꾸)	じゅう 쥬-

10이상부터는 우리말과 똑같이 앞에다 じゅう 쥬- 를 붙이면 된다. 즉, 11 십일 이면, 십에 해당하는 じゅう 쥬- 십을 いち 이찌 일 앞에 붙이기만 하면 된다. 이렇게 20 이십 까지 세어보자.

11	12	13	14
じゅういち 쥬-이찌	じゅうに 쥬-니	じゅうさん 쥬-상	じゅうよん 쥬-용
15	16	17	18
じゅうご 쥬-고	じゅうろく 쥬-로꾸	じゅうしち 쥬-시찌	じゅうはち 쥬-하찌
19	20	(예) 30	
じゅうきゅう 쥬-뀨-	にじゅう 니쥬-	さん + じゅう 산 쥬	

10	20	30	40
じゅう 쥬-	にじゅう 니쥬-	さんじゅう 산쥬-	よんじゅう 욘쥬-
50	60	70	80
ごじゅう 고쥬-	ろくじゅう 로꾸쥬-	ななじゅう 나나쥬-	はちじゅう 하찌쥬-
90	100	(예) 174	
きゅうじゅう 뀨-쥬-	ひゃく 하꾸	ひゃく + なな + じゅう + よん 하꾸 나나 쥬- 용	

일본어를 배우는데 숫자를 세는 것은 기본! 다음의 표를 보면서 정성껏 외워두자.

자, 이제 잠깐 연습을 해보자.

예 さん＋じゅう＋さん　➡　さんじゅうさん　　33
　　　　　　　　　　　　산　쥬-　상

ひゃく＋なな＋じゅう＋よん　➡　ひゃくななじゅうよん　174
　　　　　　　　　　　　　　　하꾸　나나　쥬-　용

우리말의 하나, 둘, 셋처럼 일본어에도 일본식으로 읽는 법이 있다.

하나	둘	셋	넷	다섯
ひとつ 히또쯔	ふたつ 후따쯔	みっつ 밋쯔	よっつ 욧쯔	いつつ 이쯔쯔
여섯	일곱	여덟	아홉	열
むっつ 뭇쯔	なPALtつ 나나쯔	やっつ 얏쯔	ここのつ 고꼬노쯔	とお 도-

날짜를 읽는 방법은 다음과 같은데, 14일·20일·24일 등은 읽는 법에 주의해야 한다.

1日	2日	3日	4日	5日
ついたち 쯔이따찌	ふつか 후쯔까	みっか 믹까	よっか 욕까	いつか 이쯔까
6日	7日	8日	9日	10日
むいか 무이까	なのか 나노까	ようか 요-까	ここのか 고꼬노까	とおか 도-까
11日	12日	14日	20日	21日
じゅういちにち 쥬-이찌니찌	じゅうににち 쥬-니니찌	じゅうよっか 쥬-욕까	はつか 하쯔까	にじゅういちにち 니쥬-이찌니찌
24日	30日			
にじゅうよっか 니쥬-욕까	さんじゅうにち 산쥬-니찌			

9日
고꼬노까~

Part 3

본문

일본인과의 대화에서 꼭 필요한 문장들을 상황별로 회화를 구성하였다. 또한 현지사진도 대화문 상황에 맞게 실어 두었고, 간단하고 쉬운 문장들로만 구성하여, 처음 배우는 왕초보자들도 누구나 쉽게 따라할 수 있다.

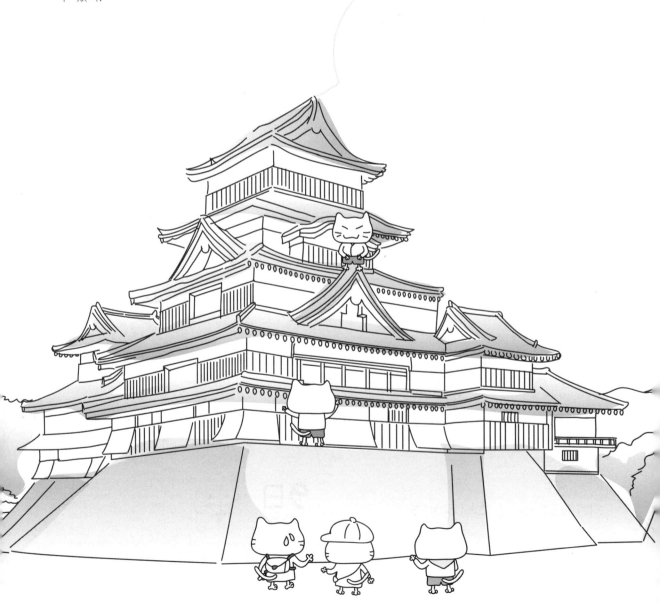

1과 成田空港 나리타 공항

空港
ここは　成田空港です…。
(なりたくうこう)
고꼬와 나리따 꾸-꼬- 데 스

東洙
こんにちは。
곤니찌와

案内員
こんにちは。
곤니찌와

ここが　到着ロビーですか。
(とうちゃく)
고꼬가 도-쨔꾸로비-데스까

はい、そうです
하이, 소-데스

あそこは　何ですか。
(なん)
아소꼬와 난데스까

あそこは　日本航空の　カウンターです。
(にほんこうくう)
아소꼬와 니홍꼬-꾸-노 카운타-데스

では、両替所は　どこに　ありますか。
(りょうがえじょ)
데와, 료-가에죠와 도꼬니 아리마스까

あそこに　あります。
아소꼬니 아리마스

38

공항

Track 02

안내방송	여기는 나리타공항입니다
동수	안녕하세요?
안내원	안녕하세요?

☐ ここ　　　　　　　　　　여기
☐ 成田空港 [なりたくうこう]　나리타 공항
☐ こんにちは　　　　　　안녕하세요

동수	여기가 도착로비입니까?
안내원	예.(그렇습니다.)

☐ 到着 [とうちゃく]ロビー　도착로비
☐ そうだ　　　　　　　　그렇다

동수	저기는 무엇 어디 입니까?
안내원	저기는 일본항공 카운터입니다.
동수	그럼, 환전소는 어디에 있습니까?
안내원	저쪽에 있습니다.

☐ あそこ　　　　　　　　저기
☐ 何 [なん]ですか　　　무엇입니까?
　　　　　　　　　　　　어디입니까?
☐ 日本航空 [にほんこうくう]　일본항공
☐ カウンター [counter]　카운터

☐ 両替所 [りょうがえじょ]　환전소

ポイント Point

1 ここが 到着ロビーですか。

일본어 어순 ≒ 우리말 어순

① 일본어는 우리말과 말의 순서가 같다. 앞에서부터 차례대로 말해 나가기만 하면 되는데, 단어는 단어대로, 동사는 동사대로 우리말을 일본어로 바꿔주기만 하면 된다. 일본어는 의문문에 물음표 ? 를 하지 않고 문장 맨 뒤에 의문조사 **か** 를 써서 의문문을 나타낸다.

우리말도 물어볼 때는 뒤에 까라는 말을 쓰는데, 발음이 비슷하므로 쉽게 외울 수 있다.

② ~が ~ですか。~이/가 ~입니까?라는 뜻으로, 물음표가 없지만 문장 끝에 **か** 를 써서 의문문임을 나타내며 끝을 약간 올려 읽는다. 이 때의 **~が** ~이/가는 주격조사 로 주어를 의미해준다.

예 ここが 成田空港(なりたくうこう)ですか。　　　　여기가 나리타공항입니까?

···› はい。　　　　　　　　　　　　예

마침표는 속이 비어 있는 동그라미 [。] 를 사용하는데, 우리말에서는 마침표가 [.] 이므로 비교해서 알아두자.

③ ここ 여기는 장소를 나타내는 말로, **ここ로 물으면 ここ로 대답한다.**

예 ここは どこですか。　　　　　　여기는 어디입니까?

···› ここは 成田空港(なりたくうこう)です。　　여기는 나리타공항입니다.

④<ruby>到着<rt>とうちゃく</rt></ruby>ロビー <ruby>ロビー<rt>lobby</rt></ruby> 도착로비는 한자어와 가타카나가 합쳐진 말로, 이때 **ロビー**는 영어 lobby

의 일본식발음 즉 가타카나표기를 한 것이다.

> 예 コーヒー　coffee　　　　　　　커피
>
> 　　ビジネス　business　　　　　비지니스, 사업

2 あそこは 何ですか。

あそこ는 저기라는 뜻이며, 〜は는 〜은/는의 뜻을 나타내는 주격조사 이다.

〜は 〜ですか는 〜은 〜입니까?라는 의문을 나타낸다.

<ruby>何<rt>なん</rt></ruby>ですか는 무엇입니까?라는 뜻인데, 여기에서는 의미상 장소를 나타내서 무엇을 하

는 곳입니까? 즉, 어떤 곳입니까? 어디입니까? 라는 속뜻을 가지고 있다.

> 예 あそこは <ruby>何<rt>なん</rt></ruby>ですか。　　　　　저기는 어디입니까? 무엇입니까?
>
> ⋯⋯ あそこは <ruby>出発<rt>しゅっぱつ</rt></ruby>ロビーです。　저기는 출발로비입니다.

3 あそこは 日本空港の カウンターです。

〜の는 〜의의 뜻으로, 명사와 명사 사이에 써주는 말 이다. 우리말에서는 주로 생략되

지만, 일본어에서는 특수한 경우를 빼고는 の를 생략하지 않는다. 그러나 해석을 할

때는 어색한 경우가 많으므로, 억지로 해석을 할 필요는 없다.

> 예 これは <ruby>私<rt>わたし</rt></ruby>の かばんです。　　이것은 내 가방 나의 가방 입니다.
>
> 　　ここは <ruby>外国人<rt>がいこくじん</rt></ruby>の <ruby>窓口<rt>まどぐち</rt></ruby>です。　여기는 외국인 창구입니다.

4 両替所は どこに ありますか。

① 両替所는 りょうがえじょ라고 읽으며, 환전소를 의미한다.

우리말에 **換錢所** 환전소라는 말이 있기 때문에 틀리기 쉬운 단어인데, 일본 공항에는 **換錢**이라고 씌어 있지 않고, **両替**라고 씌어 있다.

> 우리나라 공항에도 일본인 관광객을 위하여 환전소를 의미하는 곳에 **両替** 환전 이라고 씌어 있다.

② **あります**는 **ある있다** 의 정중한 표현으로 **있습니다**의 뜻이다.

반대말인 **없습니다**는 **ありません**이다.

정중한 표현	반대말
あります 있습니다	ありません 없습니다

예 ここに かばんが あります。   여기에 가방이 있습니다.

ここには かばんが ありません。   여기에는 가방이 없습니다.

③ **~は どこに ありますか**는 **~은 ~에 있습니까?**의 뜻이며, 이 말은 **~は どこですか** **~은 어디입니까?**와 같은 말이다.

~は どこに ありますか = **~は どこですか**

예 学校(がっこう)は どこに ありますか。   학교는 어디에 있습니까?

学校(がっこう)は どこですか。   학교는 어디입니까?

외국인 外国人[がいこくじん]

- **韓国人**[かんこくじん] 한국인
- **日本人**[にほんじん] 일본인
- **中国人**[ちゅうごくじん] 중국인
- **アメリカ人**[Americaじん] 미국인

1

ここ
そこ
あそこ

は　何ですか。

[여기 / 거기 / 저기]는 무엇입니까? 어디입니까?

2

日本航空[にほんこうくう]
大韓航空[だいかんこうくう]
アシアナ

の　カウンターです。

[일본항공 / 대한항공 / 아시아나] 카운터입니다.

3

両替所[りょうがえじょ]
トイレ
観光センター[かんこう]

は　どこに　ありますか。

[환전소 / 화장실 / 관광센터] 는 어디에 있습니까?

운형 연습

今の日本

Track 02

● 搭乗口は どこですか。

탑승구는 어디입니까?

➡ 탑승구는 저쪽입니다.

● 신고할 물건이 있습니까?

➡ **いいえ、ありません。**

아니오, 없습니다.

● 일본 신문이 있습니까?

➡ **はい、あります。**

네, 있습니다.

● 실례합니다만, 안내소는 어느 쪽입니까?

あん ないしょ
➡ **案内所は こちらです。**

안내소는 이쪽입니다.

공항안내소

□ 搭乗口 [とうじょうぐち]	탑승구		□ 案内所 [あんないしょ]	안내소
□ どこ	어디		□ こちら	이쪽
□ いいえ	아니오			
□ はい	네			
□ ある	있다			

44

일본의 항공사 우리나라에서 일본으로 가는 항공편중에 저렴하게 갈 수 있는 방법은 다양하지만, 외국의 항공사들을 이용하는 것도 한 방법이다. 항공사들은 특별한 요일을 정하여 아주 싼 가격에 판매하기도 하고, 여행사들과 제휴하여 호텔과 함께 이용하면 더욱 싸게 해 주기도 한다. 일본 항공사들 중 최대의 항공사는 **Japan Airlines**으로 **JAL** 잘 로 표시하며, **日本航空** 일본항공 을 나타낸다.

일본의 나리타成田 국제공항은 제1터미널과 제2터미널로 나뉘어져 있으며, 항공사에 따라 이용하는 터미널이 다르답니다.

터미널이 어디여요?

到着

Arrivals

나리타成田 국제공항에 도착해서 입국신고와 세관신고를 마치고 나오면 바로 앞쪽에 여행안내소와 도쿄東京로 갈 수 있는 다양한 교통편을 이용할 수 있는 티켓 판매소 등이 있어요.

주로 공항 리무진 버스나 나리타成田익스프레스, JR를 이용하는데 도쿄東京의 주요 지역까지는 약 1시간 이상이 소요되며, 한 번에 연결되므로 편리하지만 3,000円~3,500円 정도로 비싸답니다.

교통편은 무엇이 있어요?

2과 空港ラウンジ 공항라운지

空港出口

まりこ

あ、東洙さんが 来ます。
ドンス　　　　　　き

아, 동수상가 기마스

中村

どっち。

돗찌

まりこ

あそこです。

아소꼬데스

東洙さん、東洙さん。
ドンス　　　ドンス

동수상, 동수상

東洙

ひさしぶり。 元気。
　　　　　　　　げんき

히사시부리. 겡끼

うん、おかげさまで。 こちらは 中村さんよ。
　　　　　　　　　　　　　　　　　なかむら

응, 오까게사마데

中村

はじめまして。 中村です。
　　　　　　　　なかむら

하지메마시떼　　　나까무라데스

はじめまして。 金東洙と 申します。
　　　　　　　　キムドンス　　もう

하지메마시떼　　　김동수또 모-시마스

どうぞ よろしく。

도-조 요로시꾸

中村

こちらこそ、

고찌라꼬소,

よろしく お願いします。
　　　　　　ねが

요로시꾸 오네가이시마스

공항 출구

마리꼬　아, 동수씨가 옵니다.
나까무라　어디?
마리꼬　저쪽이요.

마리꼬　동수씨, 동수씨!
동수　오랜만이야, 잘 지냈어?
마리꼬　응, 덕분에. 이 쪽은 나까무라씨예요.

니까무라　처음 뵙겠습니다. 나까무라입니다.
동수　처음 뵙겠습니다. 김동수라고 합니다.
　　　잘 부탁합니다.
니까무라　저야말로, 잘 부탁합니다.

☐ ～さん [こづつみ]	～씨. 님
☐ 来る [くる]	오다
☐ どっち	어디
☐ あそこ	저쪽, 저기
☐ ひさしぶりだ [久しぶりだ]	오랜만이다
☐ 元気だ [げんきだ]	건강하다, 활발하다
☐ おかげさまで	덕분에, 덕택에
☐ こちら	이쪽, 이분
☐ はじめまして	처음 뵙겠습니다
☐ どうぞ	부디, 아무쪼록
☐ ～と 申します [もうします]	～라고 합니다
☐ こちらこそ	이쪽이야말로
☐ 願う [ねがう]	부탁하다

ポイント Point

1 あ、東洙さんが 来る。

① **あ**는 우리말의 아로 감탄이나 놀랐을 때 내는 소리이다. 역시 우리와 비슷한 감정일 때는 내는 소리도 비슷하다.

예 **あ、久**しぶりですね。 　　 아! 오랜만이군요.

　 あ、すごいですね。 　　 아! 멋지군요.

② **~さん**은 보통 사람의 성이나 이름, 직책 등에 붙어 상대방을 부를 때 사용한다. ~씨, 님정도라고 볼 수 있다. **~君**은 보통 남자의 성이나 이름 뒤에 붙어서 친구나 비슷한 연배의 사람을 부를 때 쓰는 말이다.

~ちゃん이라는 말도 있는데, 이것은 **~さん**이 변한 말로 아이나 친한 친구 또는 젊은 여성등을 다정하게 부를 때 쓰는 말이다.

상대방을 부를때 쓰는 표현			
~さん	~씨, 님	のむらさん	노무라씨
~君	~군	つかさ君	츠카사군
~ちゃん	~양	あゆみちゃん	아유미양

예 **木村**くん。 　　 기무라군.

　 かおるちゃん。 　　 가오루(야).

　 猫ちゃん、**猫** ちゃん。 　　 야옹아, 야옹아!

어감이 귀엽고 깜찍해서 집에서 기르는 고양이나 강아지 뒤에 이 말을 붙여 부르기도 한다.

来る 오다 ⟷ 行く 가다

③ ～が 来る는 우리말의 ～이 온다의 뜻으로, ～が는 주어를 나타내는 주격조사이며, 来る는 오다라는 뜻의 동사이다. 특히 가다, 오다같은 기본동사들은 꼭 알아두어야 하는데, 나올 때마다 외우는 것이 가장 좋은 학습 방법이다

예 福田さんが 来る 。   후꾸다씨가 온다.

福田さんが 行く。   후꾸다씨가 간다.

2 どっち。

どっち는 어디라는 말로 どちら가 변한 말이다. 뜻은 어디, 어느 쪽이다.

예 教室は どこですか。   교실은 어디입니까?

≡ 教室は どちら ですか 。   교실은 어디입니까?
         ‖
       = どっち

どっち ?

3 ひさしぶり、元気。

① 久しぶりは 오래간만이라는 뜻으로 오랜만에 만나는 사람들이 쓰는 인사말이다. 기본형은 久しぶりだ 오래간만이다 로, 아랫사람이나 가까운 사이에서는 だ를 빼고, ひさしぶり, 윗어른이나 정중한 사이에서는 だ를 です로 고쳐서 ひさしぶりです 오래 간만입니다 라고 한다. 비슷하게 しばらくぶりですね 라고 해도 된다.

> 예 あ、ひさしぶりですね、田中さん。 아, 오래간만이군요, 다나까씨.

② 元気는 건강함, 기운의 뜻으로 元気ですか 건강하십니까? 에서 ~ですか가 빠져 건강하니? 잘 지냈니?의 뜻이다. 앞에 お를 붙여 자주 사용하는 인사말이다.

> 예 先生、お元気ですか。 선생님, 잘 지내십니까?
>
> ⋯▸ うん、元気だ。 그래, 잘 지낸다.

4 こちらは 中村さんよ。

① こちらは ~さん은 이 사람은 ~씨예요 라는 뜻으로 누군가를 소개할 때 사용하는 표현이다. 이보다 좀 더 정중한 표현으로 この 方は ~さんです 이 분은 ~씨입니다가 있다.

> この는 이 라는 뜻으로 뒤에 오는 명사를 꾸며 주는 말이며, かた는 분이라는 뜻으로 人(ひと)의 정중한 표현이다.

② ~方 ~분, 님 대신에 人사람을 사용해도 된다. 또한, 남을 부를 때는 주로 성만을 부르며, 이름을 부르는 것은 친한 친구나 가족 사이에서 뿐이다.

일반적인 표현				정중한 표현			
ひと	사람	だれ	누구	かた	분	どなた	어느 분

예) あの ひとは だれですか。　　　　　저 사람은 누구입니까?

⋯▶ あの ひとは 田中さんです。　　　저 사람은 다나까 씨입니다.

あの 女の かたは どなたですか。　　저 여자 분은 누구십니까?

⋯▶ あの 女の かたは 鈴木さんです。　저 여자 분은 스즈끼 씨입니다.

5　はじめまして。金東洙と 申します。

① はじめまして는 사람들이 처음 만났을 때 의례적으로 하는 인사말로, 처음 뵙겠습니다
의 뜻이다. 뒤에 どうぞ、よろしく 앞으로 잘 부탁합니다라는 말을 덧붙이면 좋다.
대답은 똑같이 はじめまして라고 해도 되고, 좀 더 부드럽고 정중한 표현으로 こち
らこそ、どうぞ よろしく おねがいします 저야말로 잘 부탁드립니다라고 해도 된다. 이
때의 こちらこそ는 이쪽이야말로, 저야말로의 뜻으로 뒤의 말을 생략하고 こちらこそ만
사용하기도 한다.

예) はじめまして、よろしく おねがいします。
처음 뵙겠습니다, 잘 부탁드립니다.

⋯▶ こちらこそ、どうぞ よろしく おねがいします 。
저야말로, 잘 부탁드립니다.

잘 부탁드립니다.　　　　　　　　はじめまして

②〜と 申します는 〜라고 합니다라는 뜻으로, 자신을 소개할 때 쓰는 말이다. 주로 처음 만난 사람에게 자신을 소개하므로, はじめまして와 함께 쓰인다. 주의할 것은 저는 〜라고 합니다라고 할 때 私は 〜さんです라고 하는 경우가 종종 발생하는데, 내가 자기 자신을 말할 때는 〜さん을 붙여서는 절대 안 된다. 우리 나라 사람들이 가장 많이 하는 실수 중의 하나이다.

예 はじめまして、わたしは パクと もうします。 처음 뵙겠습니다. 저는 박이라고 합니다.

⋯ わたしは 田中と もうします。　　　저는 다나까라고 합니다.

どうぞ よろしく おねがいします。　　잘 부탁드립니다.

6 どうぞ、よろしく おねがいします。

どうぞ는 부디, 아무쪼록이라는 뜻으로, 뒤에 오는 말이 생략되어 사용하는 경우가 많다. 그래서 상황에 따라 여러 가지 뜻을 나타내므로, 그때그때 알맞게 해석하도록 한다.
위의 예문과 같은 경우는, 부디, 잘 부탁한다 는 뜻이다.

음식을 앞에 두고 どうぞ라고 하면 어서, 드십시오.
손님이 찾아왔을 때 どうぞ라고 하면 어서, 들어오십시오의 뜻이 된다.

예 何も ないですが、さあ どうぞ。 아무 것도 없지만 차린 건 없지만, 자 많이 드십시오.

지시어의 의미와 활용

의미	물건		장소		방향		명사를 꾸며줄 때	
こ	これ	이것	ここ	여기	こちら	이쪽	この	이
そ	それ	그것	そこ	거기	そちら	그쪽	その	그
あ	あれ	저것	あそこ	저기	あちら	저쪽	あの	저
ど	どれ	어느 것	どこ	어디	どちら	어느 쪽	どの	어느

말하는 사람 가까이에 있는 것은 こ, 듣는 사람 가까이에 있는 것은 そ, 말하는 사람과 듣는 사람 둘 다에게서 멀리 있는 것은 あ를 쓴다.

예 これは かばんです。　　이것은 가방입니다.

それは カメラです。　　그것은 카메라입니다.

あれは 本^{ほん}です。　　저것은 책입니다.

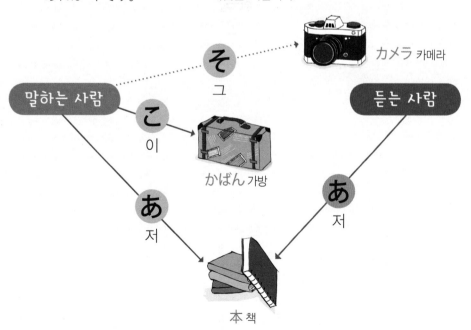

カメラ 카메라

말하는 사람

듣는 사람

そ 그

こ 이

かばん 가방

あ 저

あ 저

本 책

この로 물으면 その로, その로 물으면 この로 대답한다.

예 この かばんの 中(なか)には 何(なに)が ありますか。　　이 가방 안에는 무엇이 있습니까?

⋯▶ その かばんの 中(なか)には 本(ほん)が あります。　　그 가방 안에는 책이 있습니다.

あの로 물으면 あの로 대답한다.

예 あの へやには 何(なに)が ありますか。　　저 방에는 무엇이 있습니까?

⋯▶ あの へやには テレビが あります。　　저 방에는 텔레비젼이 있습니다.

저 방에는
텔레비젼이 있어요.

54

일본인의 성 姓

- 田中[たなか] 다나까
- 福田[ふくだ] 후꾸다
- 中村[なかむら] 나까무라
- 鈴木[すずき] 스즈끼
- 山本[やまもと] 야마모또

1 ひさしぶり、 [元気[げんき] / 田中君[たなかくん] / みなさん] 。

오랜만이야, [잘 지냈어? / 다나까군. / 여러분.]

2 こちらは [中村[なかむら]らん / 日本人[にほんじん] / 先生[せんせい]] よ。

이분은 [나까무라씨 / 일본인 / 선생님] (이)예요.

3 [金東洙[キムドンス] / つくし / 山本[やまもと]] と 申[もう]します。

[김동수 / 츠쿠시 / 야마모또] 라고 합니다.

문형 연습

55

今の日本

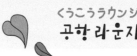

くうこうラウンジ
공항 라운지

お元気ですか。
건강히 잘 지내십니까?

➡ 덕분에 건강합니다.

○ 다나까씨, 이쪽은 김씨입니다.

➡ はじめまして、よろしく。
처음 뵙겠습니다, 잘 부탁합니다.

お目に かかれて うれしいです。
만나게 되어서 반갑습니다.

➡ 저는 스즈끼라고 합니다.

공항 라운지

やあ、元気か。
야아, 잘 지냈어?

➡ お久しぶり。
오랜만이야.

☐ 元気だ [けんきだ]	건강하다
☐ はじめまして	처음 뵙겠습니다
☐ お目に かかれる [おめに かかれる]	만나 뵙다
☐ うれしい	기쁘다, 반갑다
☐ お久しぶりだ [おひさしぶりだ]	오랜만이다

일본인의 성 일본의 성 중 가장 많은 것은 佐藤사또– 이다. 일본인들은 오래 전에는 성과 이름을 함께 쓰지 않았다. 이것은 신분의 계급을 나타내는 것으로 일반 백성은 성을 갖지 못하도록 한 것이다. 그러던 중, 1875년(메이지 8년) 일반 백성들도 모두 성을 갖도록 하였는데, 대부분 많은 사람들이 급하게 지어야 했기 때문에 성의 종류도 많아서 10만 2,000여 가지나 된다.

대부분의 사람들은 어떻게 성을 지을지 몰라 고민을 했어요. 그래서 지금의 구청이나 시청과 같은 곳에서 일하던 사람들이 이름을 지어 주곤 했어요. 소나무 밑에 산다고 松下(まつした)마쯔시따, 산 입구에 산다고 山口(やまぐち)야마구찌, 밭 가운데 산다고 田中(たなか)다나까 등으로 지었답니다.

안녕~ 야마구찌~~

일본사람들의 성은 어떻게 지어진 건가요?

어느 특정한 해의 딸들에게는 특히 많기도 한데, 이것은 일본의 천황가족 중에 子(こ)가 들어간 이름이 있을 때, 그 이름이 좋고, 귀하다고 하여 딸의 이름에 유행처럼 붙인 것이랍니다. 이 영향으로 지금 우리 나라의 50~60대의 어머니들 이름에도 子가 많은데, 우리 나라는 촌스럽다는 느낌이 들어 지금은 기피하지만, 일본인들에게 子(こ)의 어감은 귀엽고 소중한 느낌으로 많이 쓰여요.

일본 여자들의 이름에는 뒤에 子(こ)가 많은데 왜 그런 건가요?

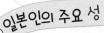

일본인의 주요 성

* 사또 佐藤[さとう]　　* 다까하시 高橋[たかはし]　　* 와따나베 渡辺[わたなべ]

* 이또 伊藤[いとう]　　* 코바야시 小林[こばやし]　　* 나까무라 中村[なかむら]

* 야마모또 山本[やまもと]

3과 駅の中 역내

駅の中

東洙

すみません。
스미마셍

切符(きっぷ)は どこで 買(か)いますか。
깁뿌와 도꼬데 가이마스까

駅員

あそこで 買(か)います。
아소꼬데 가이마스

新宿駅(しんじゅくえき)は いくらですか。
신쥬꾸에끼와 이꾸라데스까

130円(ひゃくさんじゅうえん)です。
햐꾸산쥬-엔데스

あ、そうですか。 どこで 乗(の)りますか。
아, 소-데스까 도꼬데 노리마스까

3番(さんばん)の ホームで 乗(の)ります。
삼반노 호-무데 노리마스

わかりました。
와까리마시따

どうも、ありがとう ございます。
도-모, 아리가또- 고자이마스

いいえ。どういたしまして。
이-에, 도-이따시마시떼

역내

Track 04

동수	실례합니다.
	표는 어디에서 삽니까?
역무원	저쪽에서 삽니다.

☐ 切符 [きっぷ]	표
☐ どこで	어디에서
☐ 買う [かう]	사다

동수	신주쿠역은 얼마입니까?
역무원	130엔입니다.

☐ 新宿駅 [しんじゅくえき]	신주쿠역
☐ いくら	얼마
☐ 円 [えん]	엔

동수	아, 그렇습니까? 어디에서 탑니까?
역무원	3번 홈에서 탑니다.

☐ そうですか	그렇습니까?
☐ ~番 [ばん]	~번
☐ 乗る [のる]	타다
☐ ホーム [home]	플랫홈

동수	알겠습니다.
	대단히, 감사합니다.
역무원	아니오, 천만에요.

☐ わかる	알다
☐ どうも	매우, 대단히
☐ いいえ	아니오
☐ どういたしまして	천만에요

ポイント Point

1 切符は どこで 買いますか。

① 切符(きっぷ)는 표라는 뜻으로 차표, 입장권, 관람권 등을 의미한다. 비슷하게 **チケット**치켓토 티켓이라는 말도 있는데, 이것은 영어 ticket의 일본식 발음으로 **カタカナ**로 표기한다. 철도 회수권, 항공권, 상품권, 입장권 등 다양한 티켓을 파는 가게를 **チケット ショップ** ticket shop 티켓숍이라고 하며, 거리 여기저기에서 흔히 볼 수 있다.

예 映画館(えいがかん)で 映画(えいが)を 見(み)る。　영화관에서 영화를 보다.

ticket shop 티켓숍

② **～で**는 ~에서라는 뜻으로 장소 를 나타내는 조사이다.

$$どこ ＋ で ＝ どこで$$
어디　　~에서　　　어디에서

장소를 나타내는 말과 붙어서 그 장소에서 어떠한 동작이 이루어지는 것을 말하는 것으로 뒤에는 어떠한 행동을 나타내는 말이 온다. 따라서 **どこで**는 **어디에서**라는 뜻 이 된다.

예 学校(がっこう)で 勉強(べんきょう)する。　학교에서 공부하다.

③ 買いますか 는 삽니까?라는 뜻으로, 사다라는 말을 정중하게 물어보는 말이다. 동사를 정중하게 말할 때는 **です**를 붙이는 것이 아니라, **ます**로 활용한다. **p** 62〈동사의 ます형〉 참조

의문의 뜻을 나타내기 위해서는 문장 끝에 ～か ～까?를 붙인다.

이처럼, 일본어에는 정중한 표현이 있는데, 우리말에도 어른이나 처음 보는 사람에게는 존대말을 하듯이 일본어에서도 마찬가지이다.

> 예 どこで プレゼントを 買いますか。　　어디에서 선물을 살 겁니까?
>
> ⋯⋯▸ デパートで 買います。　　　　　백화점에서 살 겁니다.

> * プレゼント　선물 present
>
> * デパート　백화점 department store

2 どうも、ありがとう ございます。

どうも 는 매우, 대단히, 정말로의 뜻으로, 감사할 때나 사죄의 표현을 할 때 쓰는 말이다.

이말 또한 뒤에 생략된 표현으로 사용되어 여러가지 뜻이 있는데, 앞 과에 나온 **どうぞ** 와 구별해서 알아두자.

오랜만에 만난 사람에게 쓰면, 만나서 **반갑다**는 뜻이 되고, 헤어질 때 쓰면 **잘 가**라는 뜻이 되며, **ありがとう** 와 같이 쓰이면 **고맙다**라는 뜻이 되고, 미안한 상황에서 쓰면 **미안하다**는 뜻이된다.

> 예 これ、プレゼントです。　　　이것, 선물입니다.
>
> ⋯⋯▸ あ、どうも。　　　　　　아, 감사합니다.

동사의 ます형

일본어의 정중한 표현은 어떻게 나타낼까? 명사나 형용사의 정중한 표현은 ～です ～입니다를 붙인다. 하지만 동사의 경우, 우리말 ～합니다, ～입니다 라는 뜻의 정중한 표현은 일본어에서는 ～ます이다.

동사의 뒤에 ～ます가 붙는데는 일정한 규칙이 있는데, 이렇게 변화하는 것을 활용이라고 하며, 활용형_{활용법}에 따라서 3그룹으로 나뉜다. 규칙에 따라 변화시키면 되므로 기본동사들은 그 뜻과 변화를 꼭 익혀두자.

간단히 표로 만들어 보면 다음과 같다.

1그룹	의미	2그룹	의미	3그룹	의미
書^かく	쓰다	食^たべる	먹다	来^くる	오다
読^よむ	읽다	見^みる	보다	する	하다
飲^のむ	마시다	入^いれる	넣다		
乗^のる	타다	起^おきる	일어나다		
行^いく	가다	覚^{おぼ}える	기억하다		

위의 표처럼 우리말 동사들은 기본형 끝의 발음이 **먹다, 놀다, 마시다**의 다로 끝나는 것처럼 일본의 동사들은 기본형 끝의 발음이 모두 -u 우,-eru 에루/ -iru 이루로 끝난다.

1그룹 동사　　동사의 기본형의 끝이 **かく** ka<u>ku</u> , **よむ** yo<u>mu</u> , **のむ** no<u>mu</u> , **のる** no<u>ru</u> , **いく** i<u>ku</u> 등 끝의 발음이 -u우 로만 끝나는 동사들이다.

2그룹 동사　　동사들은 **たべる** tab<u>eru</u> , **みる** m<u>iru</u> , **いれる** ir<u>eru</u> , **おきる** ok<u>iru</u> , **おぼえる** obo<u>eru</u> 등 끝의 발음이 -eru에루, -iru이루 로 끝난다.

3그룹 동사　　예외동사로 2개뿐으로 규칙이 없으므로 그냥 외우면 된다.

例 1그룹　田中^{た なか}さんが いく。　　　　다나까 씨가 간다.

　　2그룹　テレビを みる。　　　　　　TV를 본다.

　　3그룹　先生^{せんせい}が くる。　　　　선생님이 온다.

ます형 [정중한 표현] 만들기

1그룹 동사 | く·ぐ·う·つ·る·む·ぬ·ぶ·す 등으로 끝나는데, 끝의 -u음이 -i음으로 바뀌고 **ます**가 붙으면 된다.

2그룹 동사 | 모두 **る**로 끝나므로 끝의 る를 빼고 그대로 **ます**만 붙이면 된다.

3그룹 동사 | 2개 뿐으로 규칙이 없으므로 그냥 외우면 된다.

표에 나온 동사들을 바꾸면서 확인해 보자.

1그룹	ます형	2그룹	ます형	3그룹	ます형
か 書く 쓰다	···▶ かきます 씁니다	た 食べる 먹다	···▶ たべます 먹습니다	く 来る 오다	···▶ きます 옵니다
よ 読む 읽다	···▶ よみます 읽습니다	み 見る 보다	···▶ みます 봅니다	する 하다	···▶ します 합니다
の 飲む 마시다	···▶ のみます 마십니다	い 入れる 넣다	···▶ いれます 넣습니다		
の 乗る 타다	···▶ のります 탑니다	お 起きる 일어나다	···▶ おきます 일어납니다		
い 行く 가다	···▶ いきます 갑니다	おぼ 覚える 기억하다	···▶ おぼえます 기억합니다		
활용규칙 -く, -ぐ ⤍ -きます, -ぎます -む, -ぬ, -ぶ ⤍ -みます, -にます, -びます -う, -つ, -る, -す ⤍ -います, -ちます, -ります, -します		**활용규칙** -る ···▶ -ます		**활용규칙** きます, します	
동사의 끝음이 끝나는 것에 따라 -u음을 -i음으로 바꿔 주고 **ます**를 붙인다.		る를 떼고 **ます**를 붙인다.		예외 **2개**뿐이 없다.	

> 🐱 학자들에 따라 위의 1그룹·2그룹·3그룹을 1단 동사·2단 동사·불규칙 동사 혹은 1류 동사·2류 동사·3류 동사라고도 한다.

예 1그룹
た なか
田中さんが いく ···▶ 田中さんが いきます。
다나까씨가 간다. 다나까씨가 갑니다.

2그룹 テレビを みる ···▶ テレビを みます。
TV를 본다. TV를 봅니다.

3그룹
せんせい せんせい
先生が くる ···▶ 先生が きます。
선생님이 온다. 선생님이 오십니다.

주요 カタカナ

- **スーパー** supermarket 슈퍼
- **コンビニ** convenience store 편의점
- **デパート** department store 백화점
- **テレビ** television TV
- **メール** e-mail 이메일
- **パソコン** personal computer 개인용컴퓨터 PC

1

どこ
駅 えき
スーパー
デパート

で 買_かいますか。

[어디 / 역 / 슈퍼 / 백화점] 에서 삽니까?

2

買う か	買い か
乗る の	乗り の
飲む の	飲み の

··· ます

[사다 / 타다 / 마시다]　　[삽니다 / 탑니다 / 마십니다]

食べる た	食べ た
見る み	見 み

··· ます

[먹다 / 보다]　　[먹습니다 / 봅니다]

する	し

··· ます

[하다]　　[합니다]

운형 연습

64

今の日本

Track 04

● 신주쿠는 어떻게 갑니까?

➡ でんしゃ に 乗ります。
電車に 乗ります。

열차를 탑니다.

● 지하철과 JR중 어느 것이 편리합니까?

➡ JRが べんり です。
JRが 便利です。

JR이 편리합니다.

● どのくらい かかりますか。

어느 정도 걸립니까?

➡ 10분 정도 걸립니다

JR 신주쿠역

● ここから なんばんめ の えき ですか。
ここから 何番目の 駅ですか。

여기에서 몇 번째 역입니까?

➡ 여기에서 4번째입니다.

☐ 電車 [でんしゃ]	전차	☐ かかる	(시간이) 걸리다
☐ 乗る [のる]	타다	☐ 何番目[なんばんめ]	몇 번째
・〜に のる ~을 타다		☐ 駅 [えき]	역
☐ 便利だ [べんりだ]	편리하다		
☐ どのくらい	어느 정도		

65

東洙

あのう、すみません。
아노-, 스미마셍

お弁当は どこに ありますか。
오벤또-와 도꼬니 아리마스까

店員

お弁当は あそこの 後ろですよ。
오벤또-와 아소꼬노 우시로데스요

この お弁当は いくらですか。
고노 오벤또-와 이꾸라데스까

ねだんが ついて いませんね。
네당가 쯔이떼 이마센네

それは 500円です。 やすくて おいしいですよ。
소레와 고햐꾸엔데스   야스꾸떼 오이시-데스요

この 大きい お弁当も 同じ ねだんですか。
고노 오-끼- 오벤또-모 오나지 네단데쓰까

いいえ、それは 550円です。
이-에, 소레와 고햐꾸고쥬-엔데스

ちょっと 高いですね。
쬳또 다까이데스네

これは いかがですか。
고레와 이까가데스까

今日の お買い得品で、今日だけ やすいですよ。
교-노 오까이도꾸힌데, 교-다께 야스이데스요

では、それに します。
데와, 소레니 시마스

Track 05

| 동수 | 실례합니다.
도시락은 어디에 있습니까? |
| 점원 | 도시락은 저기 뒤쪽입니다. |

☐ 弁当 [べんとう]	도시락
☐ どこ	어디
☐ あそこ	저 쪽, 저기
☐ 後ろ [うしろ]	뒤
⟺ 前 [まえ]	앞

| 동수 | 이 도시락은 얼마입니까?
가격이 붙어 있지 않은데요. |
| 점원 | 그것은 500엔입니다. 싸고 맛있습니다. |

☐ いくら	얼마
☐ ねだん [値段]	값, 가격
☐ つく [付く]	붙다
☐ やすい [安い]	싸다

동수	이 큰 도시락도 같은 가격입니까?
점원	아니오, 그것은 550엔입니다.
동수	조금 비싸군요.

☐ 大きい [おおきい]	크다
☐ 同じ [おなじ]	같음, 동일함
☐ ちょっと	조금
☐ 高い [たかい]	비싸다, 높다
☐ おいしい [美味しい]	맛있다

| 점원 | 이것은 어떻습니까?
오늘의 싼 물건으로, 오늘만 싸답니다. |
| 동수 | 그럼, 그걸로 하겠습니다. |

☐ いかが [如何]	어떻다
☐ 今日 [きょう]	오늘
☐ ～だけ	～만
☐ ～に する	～로 하다, 결정하다
☐ 買い得品 [かいどくひん]	싼 물건

ポイント Point

1 お弁当は どこに ありますか。

~は ~に ありますか는 ~은 ~에 있습니까? 라는 뜻으로 사물이나 물건의 소재장소를
나타내는 표현이다. どこ는 어디라는 방향을 나타낸다. 이러한 질문에 대답하는 방법
은 2가지로, ① ~は ~に あります라는 표현과 ② ~は ~です라는 표현이다. 단, ②의
표현을 쓸 때는 장소를 나타내는 말 〈교실, 책상 위 등〉 뒤에 に를 쓰지 않는다는 것이다.

~は ~に あります ＝ ~は ~です

예 くだものは どこに ありますか。   과일은 어디에 있습니까?

⋯ くだものは あそこの 後ろに あります。   과일은 저쪽 뒤에 있습니다.

＝ くだものは あそこの 後ろです。   과일은 저쪽 뒤 입니다. 에 있습니다.

예 学生は どこに いますか。   학생은 어디에 있습니까?

⋯ 学生は 教室に います。   학생은 교실에 있습니다.

＝ 学生は 教室です。   학생은 교실에 있습니다.

2 この お弁当は いくらですか。

この는 이라는 뜻으로 뒤에 오는 말을 꾸며주는 데, 여기서는 도시락을 꾸며 준다.
~は いくらですか는 ~은 얼마입니까?라는 말로 가격을 물을 때 쓰는 표현이다.
이때의 いくら는 얼마라는 뜻이다. 공손한 표현으로 앞에 お를 붙여쓰기도 한다.

円엔, ¥Yen은 일본의 화폐단위이다. 달러는 ドル도루, $라고 한다.

예 これは おいくらですか。　　　이것은 얼마입니까?

　→ 全部で 300円です。　　　전부 300엔입니다.
　　ぜんぶ　さんびゃくえん

---

3 今日だけ、やすいですよ。

---

① 〜だけ는 〜만, 〜뿐이라는 뜻으로 이 말은 명사 같은 말에 붙어서 수량이나 범위, 정도를 한정해 준다.

〜만, 〜뿐　　　　　　　〜밖에

예 日曜日だけ 休みます。　　　일요일만 쉽니다.
　にちようび　やす

　テレビだけ 見ます。　　　TV만 봅니다.
　　　　　　み

이와 비교해서, 〜しか 〜밖에라는 말이 있는데, 이 말은 뒤에 부정하는 말이 항상 같이 온다.

예 日曜日しか 休みません。　　　일요일밖에 쉬지 않습니다.
　にちようび　やす

　テレビしか 見ません。　　　TV밖에 안봅니다.
　　　　　　み

② 〜よ는 문장의 끝에 붙어서, 상대방에게 상대방이 모르는 것에 대한 정보를 가르쳐 주거나, 자신의 견해를 말할 경우에 쓰인다.

예 これが 新しい ものですよ。　　　이것이 새 물건입니다.
　　　　あたら

　これは 本物ですよ。　　　이 물건은 진짜예요.
　　　　ほんもの

い형용사의 기본형과 활용

사물의 성질이나 생김새, 상태 등을 설명해주거나 뒤에 오는 단어를 꾸며 주는 말을 형용사라고 한다. 형용사는 두 가지가 있는데, 그 중 기본형의 끝이 い로 끝나는 형용사를 **い형용사** 라고 한다.
문장의 끝에 오거나 명사를 꾸며주기 위해 명사 앞에 놓일 때는 기본형과 똑같은 형태로 쓰이며, 다른 문장과 연결하거나 부정할 때에는 동사와 마찬가지로 활용을 한다.

Track 05

기본적인 い형용사

기본형	의미	기본형	의미	기본형	의미	기본형	의미
たか 高い	비싸다	やす 安い	싸다	なが 長い	길다	みじか 短い	짧다
たか 高い	높다	ひく 低い	낮다	おお 大きい	크다	ちい 小さい	작다

형용사의 기본형에 です를 붙이면, 정중한 뜻이 된다.

> 예 これは 高い。　　　　이것은 비싸다.
>
> これは 安いです。　　이것은 쌉니다.

그리고 명사의 단어와 단어를 연결할 때는 〜と 〜와, 과를 쓰지만 **형용사는 〜くて 〜고의 형태를 써서 문장을 연결한다.**

기본형	의미	연결형	의미
おお 大きい	크다	おお 大きくて	크고
たか 高い	높다	たか 高くて	높고
いい, よい	좋다	よくて	좋고

접속규칙
-い ┈▶ -くて

형용사의 연결법은 い ┈▶ くて로 바꾼다

예 これは **大きい**。 이것은 크다 ＋ これは **いい**。 이것은 좋다

⬇

これは 大き**くて** いいです。 이것은 **크고** 좋습니다.

예 この すいかは 安**くて**、 おいしい。 이 수박은 싸고 맛있다.

단, 주의할 점은 서로 그 뜻이 반대되는 것은 연결시켜서 쓸 수 없다. 이럴 경우에는 〜が를 쓴다.

예 この 家は 大き**くて**、 いいです。 이 집은 넓고, 좋습니다.

cf この 家は 大きいです**が**、 たかいです。 이 집은 크지만, 비쌉니다.

71

 **과일 果物** [くだもの]

- りんご 사과
- いちご 딸기
- ぶどう 포도
- すいか 수박
- かき 감
- なし 배
- みかん 귤
- バナナ 바나나
- レモン 레몬

1

くだもの
野菜（やさい）
肉（にく）
は　どこに　ありますか。

[과일 / 야채 / 고기] 은(는) 어디에 있습니까? 어디입니까?

2

これが
大き（おお）
高（たか）
安（やす）
くて、いいです。

이것이 [크 / 높 / 싸]고 좋습니다.

3

今日（きょう）
これ
子供（こども）
だけ、やすいですよ。

[오늘 / 이것 / 아이들]만 싸답니다.

72

슈퍼에서

- 이 과일은 답니까?

  ➡ とても 甘^{あま}いですよ。

    아주 달답니다.

- 野菜^{やさい}を ください。

  야채를 주십시오.

  ➡ 네, 여기 있습니다.

- それ、ください。

  그것, 주십시오.

  ➡ 네, 여기 있습니다.

- 包^{つつ}んで ください。

  포장해 주십시오.

  ➡ 알겠습니다.

슈퍼 식품매장

☐ 甘い [あまい]　　　달다
　・味が あまい 맛이 달다

☐ 野菜 [やさい]　　　야채

☐ ください　　　~주십시오

☐ つつむ [包む]　　　포장하다

☐ ~て(で) ください　　　~해 주십시오

今の日本

일본의 100엔 숍 식품, 부엌용기,
빗 등 일용품에서 액세서리까지
다양한 물건을 100엔에 팔고 있어요.
물론 100엔 이상 하는 것들도 있지만
잘 고르면 괜찮은 것들을 고를 수 있어요.

일본의
100엔 숍은
무엇을 파나요?

100엔 숍은 구경하기도 재미있죠.
전국적으로 체인망을 갖고 있는
곳이 많답니다.

나도 100엔숍이
좋아~

나도 나도~

도시락

74

일본의 소비세는 5% 1989년 4월부터 부과되었던 일본의 소비세는 1997년 4월 1일부터 3%에서 5%로, 우편요금의 엽서나 봉투, 전차나 버스, 비행기의 항공권 등 미리 소비세가 들어가 있는 것을 제외하고는 거의 모든 상품이나 서비스에 부과되었다. 즉, 정가에 5%의 소비세를 더해서 물건을 사게 되는 것이다. 그래서 일본은 여전히 1 엔 짜리를 잘 이용한다.

가이도꾸힝 일본은 디스카운트 숍이나 슈퍼 등에 가면 어떤 특정한 물건에 今日の お買い得品 교-노 오가이도꾸힝이라고 해서 그날만 싸게 파는 물건이 있어요. 주로 가격에 자신할 만한 것이나 새로 들어 온 물건들로 정하는 데 이런 것들을 잘 이용하면 알뜰한 쇼핑을 할 수 있답니다.

좋은 물건을 싸게 사려면 어떻게 해야되요?

가이도꾸힝

티켓숍은 우리 나라에서 구두티켓이나 백화점 티켓을 싸게 파는 것처럼 일본에도 티켓만 정가보다 싸게 파는 티켓숍 (ticket shop)이 있어요. 항공권, 신칸센新幹線 티켓, 백화점 상품권이나 야구티켓에서 영화티켓 까지 우리 보다 다양한 종류의 티켓들을 취급하고 있답니다.

티켓 숍에서 사면 많이 절약이 되겠다.

티켓 숍을 꼭 가보라고 그러던데 티켓 숍은 뭐죠?

5과 本屋 서점

案内Desk

東洙

あのう、すみません。
아노-, 스미마셍

辞書は 何階に ありますか。
지쇼와 낭까이니 아리마스까

店員

辞書なら 4階です。
지쇼나라 용까이데스

4かいで

すみません。
스미마셍

日韓辞書を 探して いますが、
닉깐지쇼오 사가시떼 이마스가

どの 辞書が いいですか。
도노 지쇼가 이-데스까

そうですね。 これは どうですか。
소-데스네   고레와 도-데스까

いいですね。でも もう 少し ちいさい のは ありませんか。
이-데스네   데모 모- 스꼬시 찌-사이 노와 아리마셍까

これは どうですか。
고레와 도-데스까

とても 有名な 辞書です。
도떼모 유-메-나 지쇼데스

じゃ、これに します。
쟈, 고레니 시마스

76

이쯤 오면 일본어가 생각한 것보다 어려운 점이 많아서 포기하고 싶은 마음이 생기기가 쉽고, 대충대충 넘어 가기 쉽다. 하지만 이 고비만 잘 넘기면 다른 외국어 보다 쉽고 재미있다는 것을 알 수 있다.

안내데스크

동수　저, 죄송합니다만.
　　　사전은 몇 층에 있습니까?
점원　네, 사전이라면 4층입니다.

☐ **辞書** [じしょ]	사전
☐ **何階** [なんかい]	몇 층
☐ **4階** [よん かい]	4층

4층에서

동수　실례합니다.
　　　일한사전을 찾습니다,
　　　어떤 사전이 좋습니까?
점원　글쎄요. 이것은 어떻습니까?

☐ **日韓辞書** [にっかんじしょ]	일한사전
☐ **探す** [さがす]	찾다
☐ **どの**	어떤
☐ **いい**	좋다

동수　좋군요. 그런데, 조금 작은 것은 없습니까?
직원　이것은 어떻습니까?
　　　아주 유명한 사전입니다.
동수　그럼, 이걸로 사겠습니다.

☐ **もう 少し** [すこし]	조금 더
☐ **小さい** [ちいさい]	작다
☐ **とても**	매우, 대단히
☐ **有名だ** [ゆうめいだ]	유명하다

ポイント Point

1 辞書なら 4階です。

~ならは ~라면이라는 뜻으로 조건을 나타내는 말이지만, **명사 + なら의 형태로 쓰여서** 상대방이 말한 화제에 대해서 어떠한 정보나 자료를 제공할 경우에도 사용한다.

명사 ＋ なら ~라면

상대방이 말한 화제에 대해서
어떠한 정보나 자료를 제공할 경우

예 テレビなら、秋葉原（あきはばら）が やすいですよ。　　TV라면, 아키하바라가 쌉니다.

スポーツなら、プロ 野球（やきゅう）が 一番（いちばん）だ。　　스포츠라면, 프로야구가 제일이다.

2 日韓辞書を 探して いますが。

① 日韓（にっかん） 일한은 日本（にっぽん）과 韓国（かんこく）를 합쳐서 줄여 부르는 말로 和韓（わかん）이라고도 한다. 일본인들이 스스로 자기 나라를 일컬을 때 和（わ）라는 말을 쓰기도 하는데, 이것은 大和（やまと）라고 하던 고대 일본의 국가 이름에서 나온 것이다.

和食（わ しょく） 일본식 식사

和室（わ しつ） 일본식 방 (다다미방)

② ~をは ~을/를이라는 뜻으로 목적격 을 나타내는 조사이다. 발음은 **お**와 같아서 오라고 읽으며, 조사로만 쓰인다.

③ ~がは 주로 동사의 뒤에 붙어서 ~이지만, ~입니다만, ~인데의 뜻으로, **명사 뒤에 붙는 주격 조사 ~이/가와 구별**해야 한다. 역접의 뜻을 나타낼 때도 있지만, 여기서처럼 다음에 오는문장을 부드럽게 이어주거나, 여운을 남기려고 할 때 자주 쓴다.

예 これを 買^かいますが、いいですか。　이것을 사겠습니다만, 괜찮나요?

わたしは これに しますが。　저는 이것으로 하겠습니다만.

3 これは どうですか。

~は どうですかは ~은 어떻습니까? 라는 뜻으로, 상대방의 의향이나 생각을 물어볼
때 쓰는 말이다.

더욱 공손한 표현으로 ~は いかがですか 라고도 한다.

예 これは どう。　이건 어때?　**보통형**

これは どうですか。　이것은 어떻습니까?　**정중한 말**

これは いかがですか。　이것은 어떻습니까?　**더 정중한 표현**

4 とても 有名^{ゆうめい}な 辞書^{じしょ}です。

とても는 대단히, 상당히, 매우라는 뜻으로 회화체에서는 **とっても**라고도 한다.

예 彼女^{かのじょ}は とても きれいだ。　그녀는 매우 아름답다.

5 これに します。

~に しますは ~로 하겠습니다의 뜻으로 무엇인가를 선택해서 결정함을 나타낼 때 쓰
는 표현이다. 이 때는 명사 + ~に する 의 형태로 쓰인다.

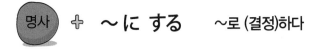

명사 ＋ ～に する　～로 (결정)하다

예 何^{なに}に しますか。　무엇으로 하시겠습니까?

···· これに します。　이것으로 하겠습니다. **물건을 가리키며**

な형용사의 기본형과 활용

な형용사는 い형용사와 마찬가지로, 사물의 성질이나 생김새, 상태 등을 나타내는 데 기본형의 끝이 だ로 끝난다. 그래서 だ형용동사라고도 한다.

Track 06

기본형	의미	기본형	의미	기본형	의미
好^すきだ → 好きだ	좋아하다	きらいだ	싫어하다	きれいだ	아름답다, 깨끗하다
上手^{じょうず}だ	잘하다	下手^{へた}だ	못하다	有名^{ゆうめい}だ	유명하다
便利^{べんり}だ	편리하다	不便^{ふべん}だ	불편하다	静^{しず}かだ	조용하다, 고요하다

예 京都^{きょうと}は 有名^{ゆうめい}だ。　　교토는 유명하다.

　　この へやは きれいだ。　　이 방은 깨끗하다.

정중한 표현은 だ를 です로 바꾼다.

예 この 電車^{でんしゃ}は 便利^{べんり}です。　이 전철은 편리합니다.

　　ここは きれいです。　　여기는 아름답습니다.

> 규칙1
> -だ ⋯▸ -です
> 정중한 표현

뒤에 명사가 와서 꾸며 줄 때 い형용사는 그대로 쓰지만, だ형용사는 だ ⋯▸ な로 바뀐다.

い형용사　これは 赤^{あか}い りんごです。　이것은 빨간 사과입니다.

な형용사　この 方^{かた}は 有名^{ゆうめい}な 歌手^{かしゅ}です。이 분은 유명한 가수입니다.

예 静^{しず}かな 家族^{かぞく}ですね。　　조용한 가족이군요.

> 접속규칙1
> -だ ⋯▸ -な
> 명사를 꾸밀 때

다른 문장과 연결할 때는 だ를 で로 바꾼다.

예 新幹線^{しんかんせん}は 便利^{べんり}で 有名^{ゆうめい}だ。 신칸센은 편리하고 유명하다.

　　ここは きれいで 静^{しず}かです。 여기는 아름답고 조용합니다.

> 접속규칙2
> -だ ⋯▸ -で
> 문장 연결

일본요리 日本料理 [にほんりょうり]　　　**시간 時間** [じかん]

- **すし**[스시] 초밥
- **さしみ**[사시미] 회
- **てんぷら**[뎀뿌라] 튀김
- **すきやき**[스끼야끼] 전골

- **時**[じ] 시
- **分**[ふん, ぷん] 분
- **秒**[びょう] 초

1

じしょ 辞書
くだもの
に ほんりょう り 日本料理

なら、これが いい。

[사전 / 과일 / 일본요리](이)라면, 이것이 좋다.

2

す 好き
きらい
とく い 得意

な 物は 何ですか。

[좋아하는 / 싫어하는 / 잘 하는]것은 무엇입니까?

3

これ
さん じ 3時
ラーメン

に します。

[이것 / 3시 / 라면](으)로 하겠습니다.

운형 연습

今の 日本

Track 06

● 雑誌は どこに ありますか。
ざっし

잡지는 어디에 있습니까?

➡ 잡지는 입구 근처에 있습니다.

● 取り寄せしますか。
と よ

주문을 할까요?

➡ 네, 부탁드립니다.

● いちばん 大きい 書店は どこですか。
おお   しょてん

가장 큰 서점은 어디입니까?

➡ 기노쿠니야입니다.

● この 近くに 本屋が ありますか。
ちか   ほん や

이 근처에 서점이 있습니까?

➡ 네, 대형 서점이 있습니다.

일본 서점

☐ 雑誌 [ざっし]	잡지	☐ 書店 [しょてん]	서점
		· きのくに屋 [きのくにや]	도쿄의 한 서점 이름
☐ 取り寄せ [とりよせ]	주문해서 가져옴		
· 見本 [みほん]を 取り寄せる	견본을 주문하다	☐ どこ	어디
☐ いちばん [一番]	가장, 제일	☐ 近く [ちかく]	근처, 주변
		遠い [とおい]	먼 곳
☐ 大きい [おおきい]	크다		
小さい [ちいさい]	작다	☐ 本屋 [ほんや]	서점, 책방

도서카드와 서점회원카드 일본에는 다양한 사진이나 그림이 들어 있는 도서 카드가 있어서 이것을 이용해 책을 살 수 있다. 모양이 예쁘기 때문에 이 카드를 모으는 것을 취미로 삼는 사람들도 있다. 우리 나라에 일본만화가 많이 들어와 있을 만큼, 일본의 만화와 애니메이션은 유명하며 회원카드로 만화책도 빌릴 수 있다.

일본에서는 책을 어디에서 사나요?

출판 대국답게 일본은 각종 대형서점과 중소 서점들이 많이 있으며, 서점 외에 백화점이나 상가 등에서 서적을 팔고 있답니다.

きのくに屋

6과 電気屋 전자상가

まりこ

ごめんください。
고멩꾸다사이

店員

いらっしゃいませ。何を お探しでしょうか。
이랏샤이마세　나니오 오사가시데쇼-까

まりこ

MP3が ほしいんですが。
엠뻬쓰리가 호시인데스가

これは いかがですか。
고레와 이까가데스까

最新型で、安いですよ。
사이신가따데, 야스이데스요

いくらですか。
이꾸라데스까

15,000円です。
이찌망고셍엔데스

えっ、もっと 安い ものは ありませんか。
엣-, 몯또 야스이 모노와 아리마셍까

じゃ、こちらは いかがですか。
쟈, 고찌라와 이까가데스까

13,000円です。
이찌망산젱엔데스

分割払いでも いいですか。
붕까쯔바라이데모 이-데스까

はい、けっこうです。
하이, 겍꼬-데스

では、この形で 黒いの お願いします。
데와, 고노 가따찌데 구로이노 오네가이시마스

84

전자상가 내

마리꼬	여보세요.
직원	어서 오십시오. 무엇을 찾으십니까?
마리꼬	MP3를 찾습니다만.

☐ いらっしゃる	오시다, 가시다, 계시다
☐ 探す [さがす]	찾다
☐ mp3	엠피3
☐ ほしい	갖고 싶다, 원하다

직원	이것은 어떻습니까?
	최신형이고 쌉니다.
마리꼬	얼마입니까?
직원	15,000엔입니다.

☐ 最新型 [さいしんがた]	최신형
☐ 安い [やすい]	싸다
☐ もの [物]	물건, 것

마리꼬	응, 더 싼 것은 없습니까?
직원	그럼, 이쪽 것은 어떻습니까?
	13,000엔입니다.

☐ もっと	더

마리꼬	할부라도 괜찮습니까?
직원	네, 괜찮습니다.
마리꼬	그럼, 이 모양으로 검정색으로 주십시오.

☐ 分割払い [ぶんかつばらい]	할부
☐ けっこうだ [結構だ]	괜찮다, 적당하다
☐ 形 [かたち]	형태, 모양
☐ 黒い [くろい]	검다

ポイント Point

1 何を お探しでしょうか。

① 何(なに、なん)은 무엇, 무슨, 몇의 뜻으로 보통 なに라고 읽지만, 뒤에 오는 말에 따라 なん으로 읽을 때가 있다.

(1)뒤에 오는 단어의 첫 음이 [d, t, n]으로 되어 있을 경우, (2)뒤에 오는 단어가 수량·길이 같은 의존명사가 올 때이다. 이 외에는 모두 なに로 읽으면 된다.

何を なん으로 읽는 경우

なん ✛ d, t, n
なん ✛ 수량·길이 등

 これは 何^{なん}ですか。　　　　이것은 무엇입니까?

何時^{なんじ}ですか。　　　　　몇 시입니까?

何^{なん}キロですか。　　　　　몇 킬로미터입니까?

何を なに 로 읽는 경우

なん 으로 읽는 때를 제외한 경우

 何^{なに}を 読^よむ。↗　　　　무엇을 읽니?

何^{なに}が ほしいですか。　　　무엇이 갖고 싶습니까?

② お探しでしょうか는 찾으십니까?의 뜻으로, 이 때의 探し는 동사 探す의 ます형으로 명사의 역할을 하는데, 이렇게 동사를 명사로 바꿀 때는 ます형으로 바꾸고 ます를 떼어버리면 된다. 이러한 것을 전성명사 라고 한다.

동사의 **ます**형 ⇒ 전성명사

동사		**ます**형	전성명사	
書く	쓰다	かきます	かき	쓰기
読む	읽다	よみます	よみ	읽기
休む	쉬다	やすみます	やすみ	휴식

그리고, お + ます형 + でしょうか는 정중한 뜻을 나타내는 표현이다. 의문조사 か는 생략하는 경우도 있다.

お + ます형 + でしょうか   정중한 뜻

예 何を お読みでしょうか。   무엇을 읽으십니까?

2 Mp3が ほしいんですが。

~が ほしい는 ~을 갖고싶다, 원하다라는 뜻으로 사람의 욕구나 기호 등을 나타내는 말이다. 주의해야할 것은 이런 말의 대상이 되는 것은 조사를 を를 쓰지 않고 が를 써야한다는 것이다. 이렇게 우리말로는 을, 를로 해석이 되지만 が를 써야 하는 서술어들이 있는데, 다음의 표를 보고 꼭 기억해 두자.

~が ほしい　　~을/ ~를 원하다

사람의 기호나 욕구를 나타내는 말		능력을 나타내는 말	
ほしい	바라다, 갖고싶다	上手だ	잘하다
好きだ	좋아하다	下手だ	못하다
嫌いだ	싫어하다	わかる	알다
		できる	할 수 있다

예 人形が ほしい 。　　　　　　　　인형을 갖고 싶다.

　　あなたの ことが 好き 。　　　　너를 좋아해.

　　私は りんごが 好きです。　　　나는 사과를 좋아합니다.

　　彼女は 英語が わかります。　　그녀는 영어를 압니다.

---

3 最新型で、安いですよ。

~では ~이고, ~하고의 뜻으로, 명사, な 형용사의 문장을 서로 연결할 때 쓰인다.
이 문장과 다음 문장의 연결을 하고 싶을 때는 문장 끝의 だ, です를 で로 바꾸어 준다.

山田さんは 日本人です。 ＋ 山田さんは 男の 人です。
야마다씨는 일본사람입니다. 　　　　　야마다씨는 남자입니다.

山田さんは 日本人で、男の 人です。

예 あの 人は きれいで、親切です。　　저 사람은 예쁘고, 친절합니다.

4 分割払いでも いいですか。

~でもは ~라도, ~이어도, ~일지라도의 뜻으로 단어 뒤에 붙어서 의견이나 망설임 등을 나타내는 말이다. 따라서 뒤에는 **いいですか 좋습니까?**, **だいじょうぶですか 괜찮습니까?** 등의 말이 온다.

예 これでも いいですか。　　　　　이거라도 괜찮습니까?

⋯⋯▶ はい、いいですよ。　　　　네, 괜찮습니다.

はい、いいですよ。

이거라도 괜찮습니까?

5 はい、けっこうです。

結構だ는 충분하다, 훌륭하다, 다행이다의 뜻으로, 자주 나오는 만큼 예문을 통해서 상황에 맞는 뜻을 정확히 알아두자.

예 もう けっこうです。　　　　　이제 됐습니다. 충분합니다.

けっこうな プレゼント。　　　훌륭한 선물

예 もう 少し いかがですか。　　　더 드실래요?

⋯⋯▶ いいえ、けっこうです。　　아니오, 괜찮습니다.

▌▌ **전자제품을** 나타내는 말

- **ラジカセ**[radio + cassette] 라디오 카세트
- **コンピューター**[computer] 컴퓨터
- **パソコン**[personal + computer] 개인용 컴퓨터 PC
- **ノートPC**[note pc] 노트북
- **デジカメ**[digital + camera] 디지털 카메라
- **テレビ**[television] TV
- **ホームシアター**[hometheater] 홈씨어터
- **携帯**[けいたい] 핸드폰

Track 07

1

MP3	が　ほしいんですが。
ラジカセ
Nintendo DS

[워크맨 / 라디오 카세트 / 닌텐도] 을(를) 갖고싶습니다만.

2

きれい	で、　いいです。
^{べんり} 便利
^{しず} 静か

[예쁘 / 편리하 / 조용하] 고, 좋습니다.

3

^{ぶんかつ ばら} 分割払い	でも　いいですか。
カード
^{こぎって} 小切手

[할부 / (신용)카드 / 수표] (라)도 괜찮습니까?

운형 연습

でんきや
전자상가

Track 07

● **これは いくらですか。**
이것은 얼마입니까?

➡ 10,000엔입니다.

● 이 색뿐입니까?

➡ **いろいろ ありますよ。**
여러 가지 있습니다.

● **これは 日本製です。**
이것은 일본제입니다.

➡ **それが 気に 入りました。**
그것이 마음에 듭니다.

➡ **それは いりません。**
그것은 필요 없습니다.

요도바시 아끼바 전자상가

☐ **いくら**	얼마
☐ **いろいろ** [色々]	여러 가지
☐ **日本製** [にほんせい]	일본제
☐ **気に 入る** [きに いる]	마음에 들다
☐ **いる** [要る]	필요하다

7과 郵便局 우체국

小包窓口

東洙
すみません。
스미마셍

この 小包(こづつみ)を お願(ねが)いします。
고노 고즈쯔미오 오네가이시마스

職員
じゃ、5番(ごばん)の 窓口(まどぐち)へ どうぞ。
쟈, 고반노 마도구찌에 도-조

5番の窓口

国内(こくない)ですか、国外(こくがい)ですか。
고꾸나이데스까, 고꾸가이데스까

国外(こくがい)ですが。
고꾸가이데스가

どこの 国(くに)ですか。
도꼬노 구니데스까

韓国(かんこく)の ソウルです。
강-꼬꾸노 소우루데스

船便(ふなびん)と 航空便(こうくうびん)と どちらに しますか。
후나빈또 고-꾸-빈또 도찌라니 시마스까

航空便(こうくうびん)で お願(ねが)いします。
고-꾸-빈데 오네가이시마스

じゃ、この 小包(こづつみ)は 2(に)キロなので、 6,800円(ろっせんはっぴゃくえん)です。
쟈, 고노 고즈쯔미와 니키로나노데, 록-센합빠꾸엔데스

はい、7,000円(ななせんえん)です。
하이, 나나셍엔데스

おつり 200円(にひゃくえん)です。
오쯔리 니햐꾸엔데스

少々(しょうしょう) お待(ま)ちください。
쇼-쇼- 오마찌 구다사이

소포창구

동수	실례합니다.
	이 소포를 부탁합니다.
직원	그럼, 5번 창구로 가십시오.

☐ **小包** [こづつみ]	소포
☐ **ねがう** [願う]	원하다, 부탁하다
☐ **○番** [ばん]	○번
☐ **窓口** [まどぐち]	창구

5번 창구

직원	국내입니까? 국외입니까?
동수	국외입니다만.
직원	어느 나라입니까?
동수	한국의 서울입니다.

☐ **国内** [こくない]	국내
☐ **国外** [こくがい]	국외
☐ **国** [くに]	나라
☐ **韓国** [かんこく]	한국
☐ **ソウル** [Seoul]	서울

직원	배편과 항공편중 어느 것으로 하시겠습니까?
동수	항공편으로 보내주십시오.
직원	그럼, 이 소포는 2kg이므로, 6,800엔입니다.

☐ **船便** [ふなびん]	배편
☐ **航空便** [こうくうびん]	항공편
☐ **キロ** [kg]	킬로그램〈단위〉
☐ **おつり** [お釣り]	거스름돈, 잔돈

동수	네, 7,000엔입니다.
직원	거스름돈 200엔입니다.
	잠시만 기다려 주십시오.

☐ **～ので**	～니까, ～이므로
☐ **少々** [しょうしょう]	잠시, 잠깐
☐ **待つ** [まつ]	기다리다

ポイント Point

1 じゃ、5番の 窓口へ どうぞ。

① 일본어에서는 번호를 붙일 때, ~番(ばん)이라고 한다. 숫자 세는 법은 이미 앞에서 공부 했으므로, 숫자 뒤에 번호를 뜻하는 ~番(ばん)을 붙이면 되는 것이다.

1번	2번	3번	4번	5번
1番	2番	3番	4番	5番
いちばん	にばん	さんばん	よんばん	ごばん

예 あなたは 何番(なんばん)。　너는 몇 번이니?

⋯▶ わたしは 3番(さんばん)だよ。　나는 3번이야.

② ~へ는 원래 헤 [he]라고 읽지만, 여기서처럼 방향을 나타내는 조사로 쓰이면 에 [e] 라고 읽는다. 뜻은 ~에, ~로이다.

예 どこへ 行(い)きますか。　어디에 갑니까?

⋯▶ 野球場(やきゅうじょう)へ 行(い)きます。　야구장에 갑니다.

③ どうぞ는 뒤의 말이 생략되어 여러 가지 뜻을 나타내는데, 여기서는 오십시오 의 뜻이다. 이 외 말하십시오, 드십시오, 들어오십시오 등 무엇인가를 권하는 듯한 의미가 들어있다.

どうぞ　　　　~하세요! ~드십시오! ~들어오세요!

상황에 따라 다양한 뜻으로 해석된다.

예 お先(さき)に どうぞ。　먼저 하십시오.

さあ、こちらへ どうぞ。　자, 이쪽으로 들어오십시오.

2　船便と　航空便と　どちらに　しますか。

～と ～と どちらは 두 가지 이상의 사물을 비교하거나 선택할 때 쓰는 표현으로
～ 와/과 ~중 어느 것의 뜻이다. ～に する는 ~으로 결정하다는 뜻이다.

> 예 りんごと　すいかと　どちらに　しますか。　　사과와 수박 중 어느 것으로 하겠습니까?
>
> ⋯ りんごに　します。　　사과로 하겠습니다.

3　この　小包は　2キロなので、6,800円で　ございます。

～ので 는 ～니까, ～므로, ～어서 등의 객관적인 원인이나 이유의 뜻을 나타낸다.
～ので 는 동사, 형용사, 명사 등 모든 것에 접속하는데, 접속하는 방법은 모두 연체형
명사를 꾸며 주는 형태에 붙는다. 따라서, 명사일 경우 **な**가 들어가는 것에 주의하도록 하자.

2キロ ＋ な ＋ ～ので

명사

명사와 ～ので 사이에 な가 들어가는 것에 주의!

	동사	い 형용사	명사	だ 형용사
원형	ある 있다	^{あつ}暑い 덥다	^{きゅうか}休暇 휴가	^{げんき}元気だ 건강하다
～ので	あるので 있으니까	^{あつ}暑いので 더우니까	^{きゅうか}休暇なので 휴가라서	^{げんき}元気なので 건강해서

> 예 ^{きゅうか}休暇なので、アメリカへ　^い行きます。　　휴가라서 미국에 갑니다.
>
> ^{げんき}元気なので、^{あんしん}安心です。　　건강해서 안심입니다.

95

4 少々 お待ちください。

①少々(しょうしょう)는 잠시만, 잠깐 이라는 뜻으로, 일본어에서는 이렇게 <mark>같은 한자가 나오면 뒤에 오는 글자는 々로 대신해서 쓴다.</mark>

とき どき 時々	때때로, 이따금
さまざま 様々	가지가지, 갖가지
いろいろ 色々	여러가지

예 曇(くも)り 時々(ときどき) 雨(あめ)　　흐리고 가끔 비 일기예보에서

色々(いろいろ)な 物(もの)を 買(か)う。　　여러가지 물건을 사다.

②お + ます형 +ください 는 ~해 주십시오의 정중한 표현이다. 일본어에는 상대방을 높이거나 자신을 낮추어서 정중한 표현을 하는 데, 이 형태도 그러한 것 중의 하나이다. 자주 나오는 표현이므로 잘 익혀두자.

お ✛ ます형 ✛ ください　　~해 주십시오

예 お書(か)きください。　　써 주십시오.

お飲(の)みください。　　마시세요.

단위를 나타내는 말

- **キロ**[kilo] k, 킬로그램, 킬로미터 따위의 준말
- **メートル**[meter] m, 미터
- **センチ**[centi] cm, 센티
- **グラム**[gram] g, 그램
- **リットル**[liter] ℓ, 리터

1

ふなびん 船便	と	こうくうびん 航空便	と どちらに しますか。
これ		それ	
やきゅう 野球		サッカー	

[배편 / 이것 / 야구]과 [항공편 / 그것 / 축구] 중 어느 것으로 하시겠습니까?

2

この 小包は 2キロ こ づつみ に	なので、 6,800円です。 ろっせんはっぴゃくえん
じゅっこ 10個	
さいしんがた 最新型	

[이 소포는 2kg / 10개 / 최신형](이)라서 6,800엔입니다.

3

しょうしょう お待ち 少々　　　ま	ください。
どうぞ　お入り はい	
どうぞ　お座り すわ	

[잠시만 기다리세요 / 들어오세요 / 앉으세요].

운형 연습

今の日本

● これを 送って ください。

이것을 부쳐 주십시오.

➡ 네

● 中身は 何ですか。
　なかみ　　なん

내용물은 무엇입니까?

➡ 책입니다.

● 何日ぐらい かかりますか。
　なんにち

며칠 정도 걸립니까?

➡ 일주일 정도 걸립니다.

● 90円の 切手を ください。
　きゅうじゅうえん　　きって

90엔 짜리 우표를 주십시오.

➡ 네

☐ 送る [おくる]　　보내다, 부치다

☐ 中身 [なかみ]　　내용물

☐ 何日 [なんにち]　　며칠

☐ かかる　　걸리다 시간, 비용 등
　· どのくらい かかりますか　어느 정도 걸립니까?

☐ 切手 [きって]　　우표

우체통

우체국 표시 우리 나라의 우체국 표시는 ✉ 이고 우편번호는 ㉾ 이지만, 일본은 우체국 표시와 우편번호 표시가 〒로 똑같다. 일본의 우체국도 저금이나 보험·송금·공공요금 납부 등과 같은 서비스를 하고 있으며, 각종 엽서나 편지봉투도 판매한다.

│ 영업시간 월요일 ~ 금요일 09:00~17:00시 **소형 우체국**

　　　　　　　월요일 ~ 금요일 9:00~19:00시 **대형 우체국 - 토요일 오전 영업**

일본은 매년 연말연시 관계엽서로 된 연하장 年賀状 을 보낸답니다. 특이한 것은 우체국으로 오는 모든 연하장을 모아 두었다가 새해 첫 날 한번에 다 보내 준다는 것이죠. 한 사람 앞으로 오는 것은 한 묶음으로 모아두었다가 배달하는 것인데, 받는 사람은 그만큼 기쁨이 크죠.

맞아요~ 그리고 연하장에는 복권번호가 있어서 운이 좋으면 경품을 받기도 한답니다.

まりこ

あした 暇。
아시따 히마

東洙

うん、ごごなら 時間 あるよ。
응, 고고나라 지깡 아루요

まりこ

じゃ、いっしょに 映画でも 見に 行かない。
쟈, 잇쇼니 에-가데모 미니 이까나이

それは いいけど…。
소레와 이-께도…

ぼく、日本語も 英語も あまり 上手じゃないから ちょっと…。
보꾸, 니홍고모 에-고모 아마리 죠-즈쟈나이까라 쫏또…

じゃ、映画の かわりに プロ野球は どう。
쟈, 에-가노 가와리니 프로야뀨-와 도-

うん、それが いいね。
응, 소레가 이-네

とくに 好きな チームは。
도꾸니 스끼나 치-무와

ぼくは 巨人が 好きだよ。
보꾸와 교징가 스끼다요

ところで、
도꼬로데,

入場料は どのぐらい。
뉴-죠-료-와 도노구라이

外野席が 2,000円 ぐらい。
가이야세끼가 니셍엥구라이

Track 09

마리꼬	내일 시간 있어?
동수	응, 오후라면 시간 있는데.
마리꼬	그럼, 함께 영화라도 보러 가지 않을래?

☐ あした [明日]		내일
☐ 暇 [ひま]		시간, 짬, 한가함
☐ ごご [午後]		오후
☐ いっしょに [一緒に]		함께
☐ 映画 [えいが]		영화
☐ 見る [みる]		보다
☐ 行く [いく]		가다

동수	그건 좋지만….
	나, 일본어도 영어도 그다지 잘하지 못해서 좀…
마리꼬	그럼, 영화 대신에 프로야구는 어때?

☐ 日本語 [にほんご]		일본어
☐ 英語 [えいご]		영어
☐ じょうずだ [上手だ]		잘하다, 능숙하다
☐ かわりに [代わりに]		대신에
☐ プロ野球 [pro やきゅう]	프로야구

동수	응, 그게 좋겠다.
마리꼬	특별히 좋아하는 팀은?
동수	나는 교징 자이언츠 을 좋아해.

☐ チーム [team]		팀
☐ 巨人 [きょじん(Giants)]	거인 (자이언츠)
		일본 프로야구 팀명

동수	그런데,
	입장료는 얼마정도지?
마리꼬	외야석이 2,000엔 정도.

☐ 入場料 [にゅうじょうりょう]	입장료
☐ 外野席 [がいやせき]		외야석

ポイント Point

1 いっしょに 映画でも 見に 行かない。

① ~でもは ~라도의 뜻으로 무엇인가를 예를 들어서 말하고자 할 때 쓰는 표현이다. 이 외에도 여러 가지 뜻이 있는데, 이런 것들은 문장을 통해서 그 뜻을 아는 것이 좋다.

예 どこでも 行きます。　　　　　　어디라도 가겠습니다.　　　전면적인 긍정

ビールでも 飲みたい。　　　　　맥주라도 마시고 싶다.

あなただけでも 来て ください。　당신만이라도 와 주십시오.　최소한의 희망

② ~に 行くは ~하러 가다의 뜻으로 ~하러의 뜻을 ~に로 나타내는 것에 주의하자. 즉 行く, 来る, 帰る등의 동사들의 목적을 나타내려면 ます형 + に 의 형태로 쓴다.

~に 行く　　　　~하러 가다

예 服を 買いに 行きます。　　옷을 사러 갑니다.

買い物に 行く。　　　　　　쇼핑하러 가다.

2 日本語も　英語も　あまり　上手じゃないから　ちょっと…。

①**あまり　～ない** 부정어는 그다지 별로~하지 않다라는 뜻으로 여기서는 **あまり**가 부정하는
말과 합쳐져서 정도를 나타낸다.

　　예 お酒は　あまり　飲まない。　　　　술은 별로 마시지 않는다.

　　　 りんごは　あまり　好きじゃ　ないです。　사과는 그다지 좋아하지 않습니다.

酒 사케

②**～は　ちょっと**는 ~은 좀…이란 뜻으로, 여기서는 **영화를 보고 싶지 않다**라는 속뜻이 담
겨 있다. 이처럼, 일본어에서는 거절하는 말을 직접적으로 하지 않는데, 상대방을 생
각해서 말하는 습관이 여기에 잘 나타나있다.

　　예 先に、食べても　いいですか。　　먼저, 먹어도 괜찮습니까?

　　　 ⋯▸ それは　ちょっと…。　　　　　그건 좀 곤란한데요.

나가노 그랜드 시네마

それは ちょっと…。

먼저, 먹어도
괜찮을까?

3 映画の かわりに プロ野球は どう。

~の 代りには ~대신에, 대용으로의 뜻이다.

 あなたの かわりに 私が 行く。　　　너 대신에 내가 간다.

お代り ください。　　　한 그릇 더 주십시오.

~の 代りに : 음식을 먹고 한 그릇 더 추가할 때 자주 사용하는 말이다.

4 ところで、入場料は どのぐらい。

ところでは 그런데, 그건 그렇고, ~한들의 뜻으로, 말의 화제를 바꿀 때 쓰는 접속사이다.

접속사	의미	접속사	의미
そして	그리고	しかし	그러나
それに	게다가	それで	그래서

 ところで 、今 何時。　　　그런데, 지금 몇 시야?

예 彼は ハンサムです。 そして 親切です。

그는 잘 생겼습니다. 그리고 친절합니다.

彼は ハンサムです。 しかし 親切では ありません。

그는 잘 생겼습니다. 그러나 친절하지 않습니다.

値段が 安いです。 それに おいしいです。 가격이 쌉니다. 게다가 맛있습니다.

···▶ それで 人が 多いんですね。 　　　　그래서 사람이 많군요.

値段が 安いです。
それに おいしいです。

그래서 사람이 많군요.

동사의 부정형

～です ～입니다 의 부정은 **～ではありません ～이 아닙니다**인 것은 이미 앞에서 배웠다.
그러나 이것은 명사를 부정하는 것이며, 동사 자체로 부정을 하는 방법은 따로 있다.

이번에는 동사를 부정하는 법에 대해서 공부해 보자.

1그룹	부정형	2그룹	부정형	3그룹	부정형
書く 쓰다	かかない 쓰지 않다	食べる 먹다	たべない 먹지 않다	来る 오다	こない 오지 않다
飲む 마시다	のまない 마시지않다ㅁ	見る 보다	みない 보지 않다	する 하다	しない 하지 않다
話す 이야기하다	はなさない 이야기하지 않다	入れる 넣다	いれない 넣지 않다		
行く 가다	いかない 쓰지 않다	教える 가르치다	おしえない 가르치지 않다		

부정형의 규칙

1그룹 동사

-く, -ぐ ·····> -かない, -がない

-む,-ぬ,-ぶ ·····> -まない, -なない, -ばない

-う,-つ,-る,-す ·····> -わない, -たない, -らない, -さない

끝이 끝나는 것에 따라 위와 같이 u음을 a음으로 바꿔 주고 ない를 붙인다.

2그룹 동사 -る ···> -ない 　 る를 떼고 ない를 붙인다.

3그룹 동사 こない, しない 　 예외 2개뿐이 없다.

⟨예⟩ 1그룹 本を 買わない。 　 책을 사지 않다.

　 1 그룹 동사의 **-う**음으로 끝나는 것은 **-あない**가 아니라 **-わない**로 바뀐다.

2그룹 テレビを 見ない。 　 TV를 보지 않다.

3그룹 先生が 来ないです。 　 선생님이 오지 않습니다.

　 ない뒤에 **です**를 붙이면, **ないです**가 되어 **하지 않습니다**의 정중한 뜻이 된다.

- **お酒**[さけ] 술
- **日本酒**[にほんしゅ] 일본술 정종, 청주
- **ビール**[beer] 맥주
- **ワイン**[wine] 와인
- **シャンペン**[champagne] 샴페인
- **ウィスキー**[whisky] 위스키

 Track 09

1

映画 [えい が]
サッカー
コンサート

でも みに 行[い]かない。

[영화 / 축구 / 콘서트]라도 보러 가지 않을래?

2

飲[の]み
見[み]
食[た]べ

に 行[い]く。

[마시 / 보 / 먹으]러 가다.

3

映画 [えい が]
ミュージカル
カラオケ

の かわりに ドライブは どう。

문형 연습

[영화 / 뮤지컬 / 노래방 가라오케] 대신에 드라이브는 어때?

취미를 물을 때

Track 09

● いつ 始まりますか。

언제 시작합니까?

➡ 곧 시작합니다.

● どんな スポーツが 好きですか。

어떤 스포츠를 좋아합니까?

➡ 축구를 가장 좋아합니다.

● 私と 映画に 行きませんか。

저와 영화 보러 가지 않겠습니까?

➡ 네, 좋습니다.

영화관

● 暇な 時は 何を しますか。

한가할 때는 무엇을 합니까?

➡ TV를 봅니다.

☐ いつ	언제	☐ 行く [いく]	가다
☐ 始まる [はじまる]	시작되다	☐ 暇だ [ひまだ]	한가하다
☐ どんな	어느, 어떤	☐ とき [時]	때
☐ スポーツ [sport]	스포츠		
☐ 映画 [えいが]	영화		

프로야구와 J리그   스포츠에서 인기가 있던 것은 일본도 역시 프로야구였지만, 지금은 프로 축구가 생기면서 양축을 이루고 있다. 일본의 프로 스포츠에는 우리 나라 선수들이 많이 진출해 있기 때문에 우리 나라 사람들도 관심이 많다.
프로 야구는 센트럴리그와 퍼시픽리그로 나뉘어져 시즌을 치르며, 양대 리그의 1위 팀이 日本一(1위)를 두고 겨룬다.

자이언츠의 경기는 전국적으로 생방송 되는데, 구단의 인기도 인기지만, 이 팀의 전감독이었던 長嶋나가시마 감독의 인기는 선수 시절이나 감독 시절이나 지금의 선수들만큼 인기가 있었답니다. 나가시마는 건망증이 무척 심한데, 그 일화 중 하나로, 한 번은 아들을 데리고 야구장에 갔다가 혼자만 집으로 와서는 아들이 없다고 찾아다녔답니다.

우리 나라도 2002년 월드컵으로 축구에 대한 관심이 높지만, 일본도 관심이 높아져 우리 나라에 붉은 악마가 있듯이 일본에는 울트라 日本이 있답니다.

9과 タクシー 택시

あー、タクシーが 来(く)るよ。
아-. 탁시-가 구루요

今日(きょう)は たのしかった。　じゃあ、また。
교-와 다노시깟-따　　　쟈-, 마따

じゃあ、気(き)を つけてね。
쟈-, 기오 쯔께떼네

タクシーの中

新宿(しんじゅく)まで お願(ねが)いします。
신주쿠마데 오네가이시마스

はい、新宿(しんじゅく)の どちらですか。
하이, 신주쿠노 도찌라데스까

JR新宿駅(ジェ-ア-ルしんじゅくえき)の 近(ちか)くの 平和(へ-わ)マンションです。
제-아-루신주쿠에끼노 찌까꾸노 헤-와만숀데스

平和マンションの 近く

この 辺(あた)りですね。
고노 아따리데스네

はい、あそこの マンションの 前(まえ)です。
하이, 아소꼬노 만숀노 마에데스

はい、900円(きゅうひゃくえん)です。
하이, 규-햐꾸엔데스

千円(せんえん)です。
셍엔데스

じゃあ、おつり 100円(ひゃくえん)です。
쟈-, 오쯔리 햐꾸엔데스

ありがとう ございました。
아리가또- 고자이마시따

이번에는 い형용사의 활용에 대해서 공부한다. 이것은 동사의 활용보다 비교적 간단하고 단순하므로
쉽게 익힐 수 있다. 뒤에 나오는 활용의 기본이 되므로 확실히 알아두고 넘어가자.

마리꼬 　아! 택시가 온다.
동수 　　오늘 즐거웠어. 다음에 보자.
마리꼬 　잘 가, 조심하고.

☐ **タクシー** [taxi]	택시
☐ **今日** [きょう]	오늘
☐ **たのしい** [楽しい]	즐겁다. 재미있다
☐ **気**[き]**を つける**	조심하다

택시 안

동수 　　신주쿠까지 가 주세요.
운전수 　네, 신주쿠 어디입니까?
동수 　　JR 신주쿠역 근처에 있는 평화맨션입니다.

☐ **JR新宿駅**	JR신주쿠역
[ジェーアール しんじゅくえき]	
☐ **近く** [ちかく]	근처, 주변
☐ **マンション** [mansion]	맨션

평화 맨션 근처

운전수 　이 주변이지요?
동수 　　네. 저기 맨션 앞입니다.
운전수 　네, 900엔입니다.
동수 　　1,000엔입니다.
운전수 　여기, 잔돈 100엔입니다. 감사합니다.

☐ **辺り** [あたり]	주변, 주위
☐ **前** [まえ]	앞
☐ **900円**	900엔
[きゅうひゃくえん]	
☐ **千円** [せんえん]	천엔
☐ **おつり** [お釣り]	거스름 돈
☐ **100円** [ひゃくえん]	100엔

Track
10

ポイント Point

1 今日は たのしかった。

今日(きょう)는 오늘이라는 뜻으로, こんにち라고도 읽는다. 이 때는 오늘날, 현재라는 뜻이다. 또한 오늘이라는 뜻으로 本日(ほんじつ)를 쓰면, 정중하고 약간은 격식 있는 표현이 된다.

■ 시간을 나타내는 명사

Track 10

昨日	きのう	어제	今日	きょう	오늘	明日	あした,あす	내일
先週	せんしゅう	지난주	今週	こんしゅう	이번주	来週	らいしゅう	다음주
先月	せんげつ	지난달	今月	こんげつ	이번달	来月	らいげつ	다음달
去年	きょねん	작년	今年	ことし	올해	来年	らいねん	내년

예 今日(きょう)は 8月(はちがつ)15日(じゅうごにち)です。　　오늘은 8월 15일입니다.

そして、明日(あした)は 8月(はちがつ) 16日(じゅうろくにち)です。　　그리고 내일은 8월 16일입니다.

2 じゃ、また。

じゃ는 では의 회화체로, それでは가 줄여져서 된 말이다. また와 함께 쓰여 친한 사람들이나 매일 보는 사람들에게 헤어질 때 하는 인사말이다. 그럼, 다음에 또 보자라는 뜻이 된다.

예 さようなら。　　안녕히 가십시오 오랜기간 헤어질 때

じゃあ、またね。　　그럼, 다음에 보자.

また、あした。　　또 보자.

また、会(あ)いましょう。　　또, 만납시다.

おやすみなさい。　　잘 쉬십시오. 잠자리에 들거나 밤 늦게 퇴근할 때

3 新宿まで お願いします。

~まで는 ~까지라는 뜻으로, 거리나 시간을 한정하는 말이다. ~부터라는 뜻의 ~から
와 자주 호응해서 쓰인다.

예 休暇は いつから いつまでですか。　　휴가는 언제부터 언제까지입니까?

あの バスは どこまで 行きますか。　　저 버스는 어디까지 갑니까?

⋯➤ 新宿まで 行きます。　　신주쿠까지 갑니다.

4 おつり 100円です。

お釣りは 거스름돈이라는 뜻이다. 지폐는 ~札라고 하며, 동전은 ~玉 또는 コイン이
라고 한다. 10,000원을 말할 때, 우리 나라에서는 일만원이나 만원이나 둘 중 한가
지를 사용해도 되지만, 일본어에서는 반드시 一万円이라고 하며 万円이라고 하지 않
도록 주의해야 한다.

예 500円の おつりです。　　거스름돈 500엔입니다.

一万円札でも いいですか。　　만엔 짜리 지폐도 괜찮습니까?

い형용사의 과거형

지금까지는 동사든 형용사든 모두 현재 시제에 관해서만 공부했다. 이제부터는 형용사의 과거형에 대해서 알아보기로 하자. **い형용사의 과거형은 과거에 ~했다**는 상태나 감정의 과거를 나타낸다.

그리고 일본어에는 미래형이 없다. 다시 말해서 현재형을 쓰고 문맥에 따라서 현재나 미래의 일로 구분해서 해석하면 되는 것이다.

기본적인 い형용사

기본형	과거형	기본형	과거형
たか 高い 비싸다 ┈▶	たかかった 비쌌다	やす 安い 싸다 ┈▶	やすかった 쌌다
たか 高い 높다 ┈▶	たかかった 높았다	ひく 低い 낮다 ┈▶	ひくかった 낮았다
なが 長い 길다 ┈▶	ながかった 길었다	みじか 短い 짧다 ┈▶	みじかかった 짧았다
おお 大きい 크다 ┈▶	おおきかった 컸다	ちい 小さい 작다 ┈▶	ちいさかった 작았다
むずか 難しい 어렵다 ┈▶	むずかしかった 어려웠다	やさ 易しい 쉽다 ┈▶	やさしかった 쉬웠다

활용규칙

과거 표현	-い ┈▶ -かった	예 おもしろい ┈▶ おもしろかった
	い를 かった로 바꾼다.	재밌다 　　　　　재미있었다

정중한 과거 표현	-い ┈▶ -かったです	예 おもしろい ┈▶ おもしろかったです
	い를 かったです로 바꾼다.	재밌다 　　　　　재미있었습니다

おもしろかったでした 라고 하지 않도록 주의해야 한다.

본문에 나왔던 たのしかった도 たのしい 즐겁다라는 뜻의 **い형용사**로, 여기에
-かった가 붙어서 과거가 된 것이다. 뜻은 **즐거웠다, 재미있었다**이다.
물론, 형용사이므로 뒤에 명사가 와서 꾸며줄 수 있다.

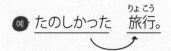 たのしかった　旅行。　　　　　　　　　즐거웠던 여행

去年の 今ごろは とても たのしかった。　작년 이맘때쯤은 아주 즐거웠다.

たのしい　時間でした。　　　　　　　　즐거운 시간이었습니다.

映画は どうだった。　　　　　　　　　영화는 어땠어?

⋯⋯ とても おもしろかった。　　　　아주 재미있었어.

115

주요형용사

- **たのしい** 즐겁다, 재미있다 ◄┅► **つまらない** 재미없다
- **寒い[さむい]** 춥다 ◄┅► **涼しい[すずしい]** 서늘하다
- **暑い[あつい]** 덥다 ◄┅► **暖かい[あたたかい]** 따뜻하다

Track 10

1

今日[きょう]は ┃ たのし / 寒[さむ] / 暑[あつ] ┃ かった。

오늘은 [재미있 / 추웠 / 더웠]었다.

2

じゃあ、また
またね
では、また 明日[あした]
また、あとでね

。

[자, 또 만나 / 다시 만나자 / 그럼, 내일 다시 만나자 / 자, 나중에 다시 만나자].

3

新宿[しんじゅく]まで
どうぞ よろしく
コーヒー
これ

お願[ねが]いします。

[신주쿠까지 / 잘 / 커피 / 이 것] 부탁드립니다 (가) 주십시오.

문형 연습

116

今の日本

Track 10

● まっすぐ 行_いって ください。

똑바로 가 주십시오.

● 駅_{えき}まで どのぐらい かかりますか。

역까지 어느 정도 걸립니까?

➡ 여기에서 10분 정도 걸립니다.

● 近_{ちか}くに タクシー乗_のり場_ばは ありますか。

근처에 택시 타는 곳이 있습니까?

➡ 네, 있습니다.

택시 승차장

● 어디까지 가십니까?

➡ この 住所_{じゅうしょ}まで お願_{ねが}いします。

이 주소까지 가 주십시오.

□ まっすぐ [真っすぐ]	곧장, 똑바름, 쭉 곧음	□ かかる	걸리다, 들다
□ 行く [いく]	가다	□ 近く [ちかく]	근처, 부근
□ 駅 [えき]	역	□ タクシー乗り場 [taxi のりば]	택시 타는 곳
□ ～ぐらい	정도	□ 住所 [じゅうしょ]	주소

案内 Desk

東洙

旅行を する つもりなんですが。
료꼬-오 스루 쯔모리난데스가

いい ところが ありますか。
이- 도꼬로가 아리마스까

職員

今までに 旅行した ことは。
이마마데니 료꼬-시따 고또와

これが 初めてです。
고레가 하지메떼데스

それでは、京都は いかがですか。
소레데와, 교-또와 이까가데스까

とても きれいだし、見る 所も たくさん ありますよ。
도떼모 기레-다시, 미루 도꼬로모 닥상 아리마스요

そうですか、京都へは どんな 行き方で 行くのが いいですか。
소-데스까, 교-또에와 돈나 이끼까따데 이꾸노가 이-데스까

何日ぐらいの ご予定ですか。
난니찌구라이노 고요떼-데스까

金、土、日の 2泊3日です。
깅, 도, 니찌노 니하꾸믹까데스

じゃ、新幹線を お勧めします。
쟈, 싱깐셍오 오스스메시마스

ほかのは 時間が ずいぶん
호까노와 지깡가 즈이붕

かかりますから。
가까리마스까라

はい、そう します。
하이, 소- 시마스

안내데스크

동수	여행을 할 예정입니다만, 좋은 곳이 있습니까?
직원	지금까지 여행한 적은?
동수	이번이 처음입니다.

☐ 旅行する	[りょこうする]	여행하다
☐ つもり		예정, 작정
☐ ところ	[所]	장소
☐ 初めて	[はじめて]	처음, 최초

직원	그렇다면, 교토가 어떻습니까? 매우 아름답고, 볼 곳도 많이 있습니다.
동수	그런가요? 교토에는 어떤 방법으로 가는 것이 좋을까요?

☐ 京都	[きょうと]	교토 〈地名〉
☐ とても		매우, 아주, 상당히
☐ きれいだ	[奇麗だ]	아름답다
☐ たくさん		많이
☐ 行き方	[いきかた]	가는 방법

직원	몇 일 정도 예정입니까?
동수	금, 토, 일의 2박3일입니다.
직원	그럼, 신칸센을 추천합니다. 다른 것은 시간이 상당히 걸리니까요.
동수	그럼, 그렇게 하겠습니다.

☐ 何日	[なんにち]	몇 일
☐ 予定	[よてい]	예정
☐ 金	[きん]	금
☐ 土	[ど]	토
☐ 日	[にち]	일
☐ 2泊 3日	[にはく みっか]	2박 3일
☐ 新幹線	[しんかんせん]	신칸센
☐ 勧める	[すすめる]	권하다, 추천하다
☐ ほか	[他、外]	다른 것, 이외
☐ ずいぶん		상당히
☐ かかる		시간, 비용이 걸리다

ポイント Point

1 旅行する つもりなんですが。

つもり는 작정, 예정, 계획이라는 뜻으로, 앞에 ~する형태의 동사가 와서 ~할 작정이다,
~할 예정이다의 뜻을 나타낸다.

例 日本語の 勉強を する つもりだ。　일본어 공부를 할 예정이다.

いま 行く つもりです。　　　　　　지금 갈 작정입니다.

2 今までに 旅行した ことは。

~までに는 ~까지의 뜻으로 어떠한 일이 최종적으로 행해질 때까지를 의미한다. 즉,
어떤 동작이나 작용이 までに로 나타나는 때를 한계로 해서 어떤 시점에 행해짐을
나타낸다. ~まで는 ~까지의 뜻이지만 어떤 동작이 일시적으로 행해지는 것이 아니
라 그 시점까지 계속해서 이루어지는 것을 나타낸다.　1, 2, 3 중 아무때나 가기만 하면 됨

■ までに와 まで의 구별

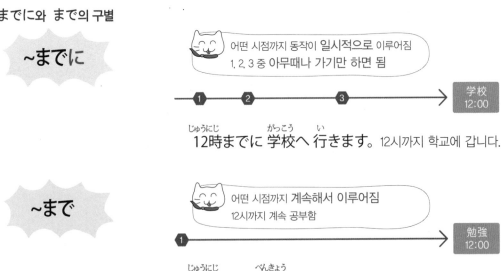

~までに

어떤 시점까지 동작이 일시적으로 이루어짐
1, 2, 3 중 아무때나 가기만 하면 됨

学校
12:00

12時までに 学校へ 行きます。 12시까지 학교에 갑니다.

~まで

어떤 시점까지 계속해서 이루어짐
12시까지 계속 공부함

勉強
12:00

12時まで 勉強します。 12시까지 (쭈~욱)공부합니다.

3 これが 初めてです。

初めて는 처음으로, 첫 번째로, 최초로, 비로소의 뜻으로 始め와 구별해서 알아두자. 始め는
동사 始める 시작하다 에서 나온 명사로 시작, 개시의 뜻을 나타낸다.

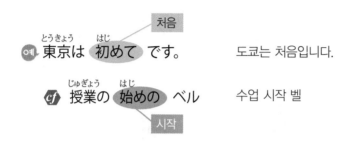

例 東京は 初めて です。　　　도쿄는 처음입니다.

cf 授業の 始めの ベル　　　수업 시작 벨

4 とても きれいだし、見る 所も たくさん ありますよ。

① ~し는 ~하고의 뜻으로 보통, 앞 문장을 받아서 두 가지 이상의 이유를 나열해서 말하거
나 추가해서 말할 때 사용한다. 그리고 또, 게다가와 같은 감정이 포함되어 있다.
그 형태는 기본형 +し가 되며 ~です, ~ます뒤에도 올 수 있다.

例 人が 多いね。⇨ 今日は 土曜日だし、天気も いいから。
사람이 많네.　　⋯⋯▸　오늘은 토요일이고, (게다가) 날씨도 좋으니까.

ここは 料理も おいしいし、値段も 安いです。
여기는 요리도 맛있고, 값도 쌉니다.

雨も 降って いるし、風も 吹いて いるし、うちに いる つもりです。
비도 오고, 바람도 불고해서, 집에 있을 작정입니다.

② 見る ところ는 볼곳이라는 뜻으로, ところ는 곳, 장소를 나타내는 명사이다. 동사는 형태가 변하지 않고 기본형 그대로 명사를 꾸며줄 수 있다. 따라서, 동사 뒤에 명사가 와서 꾸며줄 때는 ~한, ~ㄹ, ~하는 등으로 해석하면 된다.

> い형용사도 마찬가지로 명사를 꾸며줄 때는 형태가 변하지 않는데, な형용사는 だ가 な로 바뀌는 것과 구별해서 알아두자.

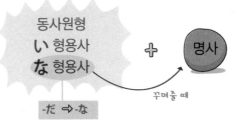

동사원형
い 형용사
な 형용사
-だ ⇨ -な
＋
명사
꾸며줄 때

예 ここが 勉強する 教室です。　　여기가 공부할 교실입니다.

　あかい りんご ください。　　　빨간 사과 주세요!

　きれい な へやですね。　　　깨끗한 방이군요.

③ たくさん은 많이, 많은의 뜻으로 사물이나 사람이 많이 있음을 나타내며, 특히 사람이 많을 때는 おおぜい라는 말을 사용하기도 한다.

예 りんごが たくさん あります。　　사과가 많이 있습니다.

　たくさんの 人々が 来る。　　　　많은 사람들이 온다.

　おおぜいの 学生たちが います。　　학생들이 많이 있습니다.

5 **どんな 行き方で 行くのが いいですか。**

行き方(いかた)는 가는 방법, 가는 법이라는 뜻으로, 많이 쓰이는 형태이다. 즉, 동사의 **ます형** + **かた**의 형태로 ~하는 법이라는 뜻을 나타내는 것이다.

동사의 **ます**형 ➕ **方**(かた) ~하는 법

예 **使い方**(つかいかた) 사용법

書き方(かかた) 쓰는 법

6 **何日ぐらいの ご予定ですか。**

~ぐらい는 수량이나 기준을 나타내는 말 뒤에 와서, ~정도의 뜻을 나타낸다. ~くらい 라고도 한다.

예 ここから 10分(じっぷん)ぐらい かかります。　여기에서 10분 정도 걸립니다.

これぐらいなら、十分(じゅうぶん) ですよ。　이 정도라면 충분합니다.

 十分(じゅうぶん)だ 는 충분하다 라는 뜻으로 한자에 특히 주의!!

7 金、土、日の 2泊3日です。

요일을 나타내는 말은 월·화·수·목·금·토·일이라고 해도 되며, 뒤에 요일을 뜻하는
曜日(ようび)를 붙이면 된다. 줄여서 曜(よう)라고만 해도 된다.

■ 요일 읽는 법

月曜日	火曜日	水曜日	木曜日	金曜日	土曜日	日曜日	何曜日
げつようび	かようび	すいようび	もくようび	きんようび	どようび	にちようび	なんようび
월요일	화요일	수요일	목요일	금요일	토요일	일요일	무슨 요일

예 きょうは 何曜日(なんようび)ですか。 오늘은 무슨 요일입니까?

···▶ 土曜日(どようび)です。 토요일입니다.

■ 날짜 읽는 법

1日	2日	3日	4日	5日
ついたち	ふつか	みっか	よっか	いつか
6日	7日	8日	9日	10日
むいか	なのか	ようか	ここのか	とおか

11일부터는 숫자 뒤에 日(にち)를 붙이면 된다. 즉 숫자 + 日(にち)로 날짜를 읽는다.

11일 이상 부터는 …

예 5日[いつか] 5일   15日[じゅうごにち] 15일

8 新幹線を お勧めします。

お勧めします는 추천합니다, 권합니다의 뜻으로, **お + ます형 + する**의 형태로 존경의 뜻을 나타낸다. **お願いする** 부탁합니다도 같은 형태로 자주 나오는 표현이므로, 확실히 알아두자.

お ✛ 勧め ✛ する　　　　　　추천하다, 권하다.

예 この 料理を お勧めします。　　　이 요리를 추천합니다.

今日の お勧めの 料理。　　　오늘의 추천요리

この 料理を
お勧めします。

9 ほかのは 時間が ずいぶん かかりますから。

ずいぶん 대단히, 꽤, 상당히와 かなり 대단히, 꽤, 상당히는 서로 비교해서 알아두어야 한다. ずいぶん이 말하는 사람이 머리 속으로 상상하고 있던 것보다 더해서 놀란 뜻을 표현하는 것에 반해서, かなり는 일반적으로 생각하거나 기대한 것보다 더해서 놀랄 때 사용한다.

■ ずいぶん과 かなり의 차이

ずいぶん

彼は ずいぶん 高い。 　　그는 대단히 크다.

상상하고 있던 것보다 더해서 놀란 뜻

 그 남자가 생각했던 것 보다 무척 컸다는 뜻

かなり

今年の 冬は かなり 寒いです。 올해의 겨울은 대단히 춥습니다.

일반적으로 생각, 기대한 것보다 놀랄 때

그는 대단히 크다.

 다른 해 일반적으로 추운 것 보다 더 춥다는 뜻

일본의 결혼식

- **結婚**[けっこん] 결혼
- **婚約**[こんやく] 약혼
- **見合い**[みあい] 중매
- **新郎**[しんろう] 신랑
- **新婦**[しんぷ] 신부

1
りょこう **旅行する**
じどうしゃ か **自動車を 買う**
けっこん **結婚する**

つもりなんですが。

[여행할 / 자동차를 살 / 결혼할] 예정입니다만.

2
ろくじ **6時**
すいようび **水曜日**

までに 来ます。

[6시 / 수요일] 까지 오겠습니다.

よる じゅうにじ **夜 12時**
にちようび **日曜日**

まで 日本語を 勉強します。

[밤 12시 / 일요일] 까지 일본어를 공부합니다.

3
とても うつくしい
おお **大きい**
べんり **便利です**

し、 いいですよ。

운형 연습

[매우 예쁘 / 크 / 편리 하]고, 좋습니다.

今の日本

여행할 때

● どの あたりを ご希望(きぼう)ですか。

어디 근처를 원하십니까?

➡ 도쿄를 여행하고 싶습니다만.

● 全部(ぜんぶ)で 何名様(なんめいさま)ですか。

전부 몇 분이십니까?

➡ 4명입니다.

● いつごろですか。

언제쯤입니까?

➡ 다음주나 다다음주입니다.

신칸센

● 一日(いちにち)の コースは ありますか。

하루 코스는 있습니까?

➡ 네, 있습니다

☐ あたり[辺り]　　　주변, 근처

・この あたりは にぎやかです。
이 주변은 번잡합니다

☐ 希望 [きぼう]　　　희망

☐ 全部で [ぜんぶで]　　전부, 모두

☐ 何名様 [なんめいさま]　몇 분(손님)

☐ いつごろ　　　언제쯤

☐ 一日 [いちにち]　　하루

☐ コース [course]　　코스

알뜰한 일본여행　일본은 남북으로 길어서 자연이나 사람들의 풍속, 관습이 매우 다양하므로 일본여행을 계획해 보는 것도 좋다. 직접 가서 부딪쳐 보는 것이 어학공부의 지름길이라는 것은 누구나 아는 일. 물론 물가도 비싸고, 엔화도 높아 엄두를 내지 못할지도 모르지만, 이것저것 따져보면 알차게 갔다올 수도 있다.

우리나라 비행기를 이용하면 우리말이 나오므로 편안하지만 가격이 비싸답니다. 일본여행시, 우리나라에서 꼭 사야 하는 것이 할인가격으로 정해진 기간동안 자유롭게 이용할 수 있는 JR패스 [Japan Rail Pass] 예요. 일본 국내의 JR교통기관을 대부분 이용할 수 있습니다. 단, 일본에서는 살수가 없으므로 꼭~ 여행가기 전에 미리 준비해야 합니다.

일본 여행 가이드북의 책자가 일본 관광 진흥회인 JNTO에 가면 있으므로 이곳에서 숙박이나 교통, 식사, 문화에 관한 여러 가지 정보를 구할 수 있습니다. 여행 계획표도 나와있는 것이 있으니까 참고해 보아요.~~

* **일본 여행 가이드북**　Japan : A Budget Travel Guide, Japanese in Group

11과 ショッピング 쇼핑

アクセサリーの コーナー

店員

いらっしゃいませ。
이랏샤이마세

東洙

あのう、贈り物に 何が いいですか。
아노-, 오꾸리모노니 나니가 이-데스까

店員

ご予算は。
고요상와

10,000円ぐらいです。
이찌망엥구라이데스

じゃ、こちらの イヤリングは いかがですか。
쟈, 고찌라노 이야링구와 이까가데스까

きれいですね。
기레-데스네

でも 彼女は あまり イヤリングは しない ほうですから。
데모 가노죠와 아마리 이야링구와 시나이 호-데스까라

じゃ、こちらの ネックレスは。
쟈, 고찌라노 넥쿠레스와

最近、若い人に とても 人気が あるんですよ。
사이낑, 와까이히또니 도떼모 닝끼가 아룬데스요

ああ、それが 気に 入りました。いくらですか。
아-, 소레가 기니 이리마시따. 이꾸라데스까

9,000円で ございます。
규-셍엔데 고자이마스

じゃ、それに します。箱に 入れて ください。
쟈, 소레니 시마스. 하꼬니 이레떼 구다사이

かしこまりました。
가시꼬마리마시따

동사의 て형에 관해서 공부한다. 이것을 모르고 넘어가면 일본어를 절대 정복할 수 없다. 모처럼 시작한 일본어 공부를 대부분이 여기에서 이해하지 못하거나 어렵다고 포기한다. 이해가 될 때까지 보고 또 보자.

액세서리 코너

직원	어서 오십시오.
동수	저, 선물로 무엇이 좋을까요?
직원	예산은?

☐ 贈り物 [おくりもの]　선물
☐ 予算 [よさん]　예산

동수	10,000엔 정도입니다.
직원	그럼, 이쪽의 귀걸이는 어떻습니까?
동수	예쁘네요.
	하지만, 그녀는 그다지 귀걸이는 하지
	않는 편이라서.

☐ イヤリング [earing]　귀걸이
☐ きれいだ [奇麗だ]　아름답다, 예쁘다
☐ 彼女 [かのじょ]　그녀

직원	그럼, 이쪽의 목걸이는 (어떻습니까)?
	최근, 젊은 사람에게 아주 인기가 있습니다.
동수	아, 그게 마음에 드는군요. 얼마입니까?

☐ ネックレス [necklace]　목걸이
☐ 最近 [さいきん]　최근, 요즈음
☐ 若い人 [わかいひと]　젊은 사람
☐ とても　아주, 상당히
☐ 人気 [にんき]　인기

직원	9,000엔입니다.
동수	자, 그걸로 하겠습니다.
	상자에 넣어 주십시오.
직원	알겠습니다.

☐ 気に 入る [きに いる]　마음에 들다
☐ 箱 [はこ]　상자
☐ 入れる [いれる]　넣다

ポイント Point

1 気に 入りました。

気(き)に 入(い)りましたは 마음에 들다라는 뜻의 관용어구다. 이처럼, 일본어에는 気(き)와 관련된 관용어구들이 많은데, 자주 나오는 것들은 그 발음과 뜻을 구별해서 알아두어야 한다. 그리고 気는 き, け 등으로 발음된다.

예 人気(にんき) 인기　　天気(てんき) 날씨 　　浮気(うわき) 바람기

人気(ひとけ) 인기척　　眼気(ねむけ) 졸음　　嫌気(いやけ) 싫증

■ 알아두어야 할 관용어구

気(き)が ある　관심이 있다　　　　　　気(き)が ない　관심이 없다, 할 마음 없다

気(き)に する　염려하다, 신경을 쓰다　気(き)を 付(つ)ける　조심하다

気(き)が 付(つ)く　알아차리다　　　　気(き)に 入(い)る　마음에 들다

관용어구란, 일본인의 일상 생활에서 무의식적으로 쓰는 말이므로 일상생활용어 라고도 한다. 습관적으로 쓰는 말이기 때문에 개개의 낱말만으로는 그 뜻을 파악하기 어려우므로 문법이나 어법으로는 다룰 수 없다.
우리가 흔히 접하는 인사말을 비롯해서 의성어·의태어·비유어·속담·고사성어 등이 관용어구에 속한다고 할 수 있다. 관용어구를 좀 더 효과적으로 익히기 위해서는 무엇보다 나올 때마다 외워두는 방법이 가장 좋다.

腕が 立つ	솜씨가 좋다	舌が 長い	말이 많다
お風呂に 入る	목욕을 하다	眼鏡を かける	안경을 쓰다
頭を 洗う	머리를 감다	ズボンを はく	바지를 입다
顔を 洗う	세수를 하다	電話を かける	전화를 걸다
タバコを 吸う	담배를 피우다	電話を きる	전화를 끊다

2 かしこまりました。

かしこまる(畏る)는 알아모시다, 삼가 명령을 받들다의 뜻으로 상점이나 레스토랑 등에서 많이 쓰며, 정중함을 나타낸다.

예 これと これ、お願いします。 이것과 이것, 주십시오.

⋯⋯ かしこまりました。 알겠습니다.

동사의 て형

일본어에서 아주 중요한 ～て형에 관해서 공부하자. 대부분의 일본어 학습자들이 이 부분에서 포기를 하는 경우가 많은데, 일본어를 마스터하려면 반드시 알고 넘어 가야만 한다. 이해가 잘 안되더라도 반복해 익혀, 입에서 술술 나올 수 있도록 하자.

동사가 다른 말과 결합하려면 앞의 동사가 변해야 하는데, ～て가 붙으면서 변화한 것을 て형이라고 한다. 이 형태는 여러 가지 말과 접속해서 많은 뜻을 나타내므로, 그만큼 중요하다.

동사에는 이미 1그룹, 2그룹, 3그룹의 3가지가 있다는 것은 공부했다. 이 그룹에 따라 변화하는 규칙이 다르며, 그 뜻은 ～고/～서, ～아/～어이다.

다음의 표를 보면서 그 규칙을 알아보자.

	동사원형		て형		활용의 규칙
1그룹 동사	聞く	듣다	きいて	듣고/들어	
	書く	쓰다	かいて	쓰고/써	**활용규칙**
	泳ぐ	수영하다	およいで	수영하고/수영해	-く, -ぐ ···▶ -いて(で)
	飲む	마시다	のんで	마시고/마셔	-む,-ぬ,-ぶ ···▶ -んで
	読む	읽다	よんで	읽고/읽어	-う, -つ,-る ···▶ -って
	死ぬ	죽다	しんで	죽고/죽어서	
	学ぶ	배우다	まなんで	배우고/배워	끝이 끝나는 것에 따라 위와 같이 바뀐다.
	吸う	피우다	すって	피우고/피워	1그룹 동사 중 예외로, 단
	待つ	기다리다	まって	기다리고/기다려	帰る ···▶ かえって
	ある	있다	あって	있고/있어	話す ···▶ はなして
	降る	내리다	ふって	내리고/내려	行く ···▶ 行って
	帰る	돌아오다	*かえって	돌아오고/돌아와	로 바뀐다.
	話す	이야기하다	*はなして	이야기하고/이야기해	
	行く	가다	*いって	가고/가	
2그룹 동사	見る	보다	みて	보고/봐	**활용규칙**
	食べる	먹다	たべて	쓰고/써	-る ···▶ -て
	起きる	일어나다	おきて	일어나고/일어나	-る를 떼고 -て를 붙인다.
3그룹 동사	する	하다	して	하고/해	**활용규칙**
	来る	오다	きて	오고/와	して, きて 예외 2개뿐이 없다.

1그룹 동사	-く, -ぐ	⋯➤	-いて(で)
	-む, ぬ, ぶ	⋯➤	-んで
	-う, つ, る-	⋯➤	って

1그룹 동사는 2그룹·3그룹 동사들과 다르게 변화하는데 이러한 것을 음편音便이라고 하며, 발음을 보다 쉽게, 편하게 하기 위한 것이다.

かく	⋯➤	かいて	名前を 書いて ください。	이름을 써 주십시오.
およぐ	⋯➤	およいで	ここまで 泳いで きました。	여기까지 수영해서 왔습니다.
かう	⋯➤	かって	りんごを 買って ください。	사과를 사 주십시오.
のる	⋯➤	のって	バスに 乗って ください。	버스를 타 주십시오.
まつ	⋯➤	まって	ここで 待って ください。	여기서 기다려 주십시오.
のむ	⋯➤	のんで	お酒を 飲んで います。	술을 마시고 있습니다.
とぶ	⋯➤	とんで	鳥が 飛んで きました。	새가 날아 왔습니다.
はなす	⋯➤	はなして	話して ください。	이야기 해 주십시오.

예외 1	1그룹 동사에서는 む, ぬ, ぶ ⋯➤ ～んで로 변화하는 것도 기억하자. 이것은 발음을 더욱 편하게 하기 위해서이다.	예외 규칙1 む, ぬ, ぶ ⋯➤ ～んで
예외 2	行くは -く로 끝났지만 行いて가 아니라 行って로 변한다. 같은 발음 い가 겹쳐지기 때문이다.	예외 규칙2 行いて ⋯➤ 行って
예외 3	-す로 끝나는 동사는 -して로 변한다.	예외 규칙3 ～す ⋯➤ ～して

2그룹 동사 **-る ⋯⋯ -て** -る를 떼고 -て를 붙인다.

예 これを 見て ください。 이것을 봐 주십시오.

氷を 入れて ください。 얼음을 넣어 주십시오.

3그룹 동사 **きて, して** 예외 2개뿐이 없다.

예 6時までに 来て ください。 6시까지 와 주십시오.

これを して ください。 이것을 해 주십시오.

 **장신구**

- **アクセサリー**[accessory] 액세서리
- **イヤリング**[earing] 귀걸이
- **ネックレス**[necklace] 목걸이
- **指輪**[ゆびわ], **リング**[ring] 반지
- **ブレスレット**[bracelet] 팔찌

それ
ネックレス
青_{あお}いの

が 気_きに 入_いりました。

[그것 / 목걸이 / 파란 것]이 마음에 듭니다.

2

これを

聞_きい
読_よん
持_もっ
食_たべ
し

て(で) ください。

이것을 [들어 / 읽어 / 가져 / 먹어 / 해] 주세요.

운형 연습

137

今の日本

쇼핑할 때

● 무엇을 찾으십니까?

➡ ただ、見て いる だけです。

그냥 구경만 하는 겁니다.

● 色は これだけですか。

색깔은 이것뿐입니까?

➡ 여러가지 있습니다.

● はいて みても いいですか。

신어 봐도 괜찮습니까?

➡ 네, 신어 보십시오.

● 着て みても いいですか。

입어 봐도 괜찮습니까?

➡ 네, 입어보십시오.

기모노

□ ただ   다만, 단지

· ただ それだけだ 단지 그것뿐이다.

□ 色 [いろ]   색, 색깔

· いろいろな 花 [はな] 여러 가지 꽃

□ ～だけ   ～만, ～뿐

· それだけ お願いします 그것만 부탁합니다.

□ はく [履く]   (신발을) 신다

□ 着る [きる]   입다

쇼핑장소 デパート 百貨店 department store   일상 생활용품에서 옷, 가전, 고급
보석, 모피 등 갖가지 물건들이 있다. 가격이 높은 만큼 서비스가 좋다.

リサイクル・ショップ recycle shop

리싸이클점에서는 중고품이나
오래된 물건 등을 팔고 있다.
중고품은 새 것보다 싸고 가격을
흥정해서 더 싸게 살수도 있다.
유학생들이나 일본에서 새로
생활을 시작하는 사람들은 이곳에서
물건을 구입해 쓰기도 한다.

우리나라의 슈퍼마켓이나
E-마트같은 곳에서 쇼핑
하려면 어디로 가요?

スーパー？？

50%↓

スーパー・マーケット supermarket

우리나라의 슈퍼마켓이나 E-마트 등과 같으며, 각종 식료품과 일용품들을 판다. 자
유롭게 물건을 집어서 출구쪽에서 계산을 하면 된다. 가격은 정가보다 약간 싸며, 큰
곳은 가전제품이나 가구 등을 파는 곳도 있다. 전국적으로 체인을 가지고 있는 곳도
있다. 저녁쯤에 가면 유효기간이 짧은 식품들은 할인해서 판다.

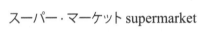

12과 食堂 식당

店員
いらっしゃいませ。メニューを どうぞ。
이랏샤이마세. 메뉴-오 도-조

東洙
えー、今日の 日替わり ランチは 何ですか。
예-, 쿄-노 히가와리 란치와 난데스까

えびてんぷらの 定食です。
에비뗌뿌라노 데-쇼꾸데스

そうですか。じゃ、それ 2人前 ください。
소-데스까. 쟈, 소레 니님마에 구다사이

はい、かしこまりました。
하이, 가시꼬마리마시따

定食を 見ながら

これは どう やって 食べるんですか。
고레와 도- 얏 떼 다베룬데스까

それは、天つゆに 大根おろしを 入れて、
소레와, 텐쯔유니 다이꽁오로시오 이레떼

それに つけて 食べるんです。
소레니 쯔께떼 다베룬데스

こう するんですか。
고- 스룬데스까

そうです。
소-데스

これは 何ですか。
고레와 난데스까

つけものです。
쯔께모노데스

一度、味を みて ください。
이찌도, 아지오 미떼 구다사이

점원	어서 오십시오. 여기 메뉴 있습니다.
동수	저, 오늘의 날짜별 요리는 무엇입니까?
점원	새우튀김 정식입니다.
동수	그렇습니까? 그럼, 그것 2인분 주십시오.
점원	잠시 기다려 주십시오.

☐ メニュー [menu]   메뉴
☐ 日替わり [ひがわり] 일별교체
             〈날마다 바뀌는 것〉
☐ ランチ [lunch]   점심
☐ えび   새우
☐ てんぷら [天ぷら] 튀김
☐ 定食 [ていしょく] 정식
☐ ～人前 [にんまえ] ～인분
☐ 待つ [まつ]   기다리다

정식을 보면서

동수	이것은 어떻게 먹습니까?
점원	그것은, 튀김간장에 무즙을 넣어서,
	그것에 찍어 먹습니다.

☐ やる   하다
☐ 食べる [たべる] 먹다
☐ 天つゆ [てんつゆ] 튀김 간장
☐ 大根おろし [だいこんおろし] 무즙
☐ 入れる [いれる] 넣다
☐ つける [漬ける] 담그다, 적시다

동수	이렇게 하는 겁니까?
점원	그렇습니다.
동수	이것은 무엇입니까?
점원	쯔께모노입니다.
	한 번, 먹어 보세요.

☐ いう [言う]   말하다
☐ つけもの [漬け物] 채소절임
☐ 一度 [いちど]   한 번
☐ 味 [あじ]   맛
☐ みる [見る]   보다

ポイント Point

1 今日の 日替わ りランチは 何ですか。

日替わり는 일별 교체 _{날마다 바뀜} 의 뜻으로, 상점 등에서 날마다 특정의 물건을 바꿔가면서 내놓는 것을 의미한다. 주로 음식점들이 점심시간을 겨냥해서 내어놓는 곳이 많으며 가격도 싸고 맛도 괜찮으므로, 그 날의 식단을 미리 알아보고 이용하는 것도 지혜다.

 今日の 日替わりの 料理　　오늘의 일별요리

お昼の おすすめ セット　　점심 추천 세트

점심 추천 메뉴

昼는 점심 즉 lunch와 같다.

2 2人前 お願いします。

〜人前는 ~인분 이라는 뜻으로 음식점에 가서 주문할 때 사용하는 표현이다. **前**만 쓰이면 앞, 먼저라는 뜻이지만, 인원수에 해당하는 말과 함께 분, 몫의 뜻을 나타낸다.

〜人前　　〜인분

■ 사람을 세는 방법

よんにん이 아님에 주의

1人	2人	3人	4人	5人
ひとり	ふたり	さんにん	よにん	ごにん
6人	7人	8人	9人	10人
ろくにん	しちにん	はちにん	きゅうにん	じゅうにん

1人, 2人은 특별하게 읽는다. 단, 〜人前(にんまえ)와 함께 쓰일때는 いちにんまえ, ににんまえ 라고 한다.

예 5人前 ください。　　　　　　　　　5인분 주십시오.

　一人前、1000円ずつ お願いします。　한 사람 당 1,000엔씩 주십시오.

3 定食を 見ながら。

～ながらは ～하면서의 뜻으로 한 사람이 두 가지의 행동을 동시에 하는 것을 나타낼 때 사용하는 표현이다. 주로 ～ながら 뒤에 오는 동사에 중점이 놓여지며, ます형에 ～ながら 가 붙는다.

동사의 **ます**형 ✛ **～ながら**　　　　**～하면서**

예 新聞を 見ながら コーヒーを 飲む。　　신문을 보면서 커피를 마시다.

　お茶でも 飲みながら 話しましょう。　　차라도 마시면서 이야기합시다.

4 これは どう やって 食べるんですか。

どうやっては 어떻게 해서 라는 뜻으로, 방법을 묻는 표현이다. 이때의 **やる**는 **하다**라는 뜻이다.

예 これは どう やるの。　　　　　　　　이것은 어떻게 하지?

　刺身は どう 食べますか。　　　　　　회는 어떻게 먹습니까?

5 それに つけて 食べるんです。

① つけて 食べるは 찍어 먹다 라는 뜻으로, 찍다와 먹다라는 동사가 결합한 것이다.
앞에서도 배웠지만, **つける**는 -eru로 끝나는 2그룹동사로 **る**를 떼고 **て**를 붙이기만
하면 되며 **つけて**가 되어 찍어서/찍어의 뜻이 된다.

つける ✚ たべる ┄┄▶ つけて たべる

찍다　　　먹다　　　　　　　て형으로 활용　　　찍어 먹다

뒤에 오는 동사는 **ください** 주십시오 외에 여러 가지 동사가 올 수 있으므로, 그 때 그 때
상황에 맞게 붙이면 된다.

　⟨예⟩ 学校へ 行って 勉強を します。　　　학교에 가서 공부를 합니다.

　　　日本へ 来て 友達に 会いました。　　　일본에 와서 친구를 만났습니다.

　　　　　　　　　~를 만나다는 조사에를 씀에 주의

② **~んです**의 **~ん**는 **~のです**의 **~の**가 변해서 된 말로, 회화체에서 사용하는 말이다.
뜻은 ~인 것입니다로 **の**는 형식명사이며, 회화체에서 무언가를 강조하거나 또는 말하는
사람이 상대방의 대답이나 설명을 바랄 경우에 많이 사용하는 표현이다.

　⟨예⟩ どうやって 行くんですか。　　　어떻게 갑니까?

　　　　가는 방법을 가르쳐 주십시오의 뜻이 들어 있다.

　┄▶ バスに 乗って 行くんです。　　　버스를 타고 갑니다.

6 味を みて ください。

味を みて ください와 같이 일본어에서는 직접적으로 명령어를 잘 사용하지 않는데, 친구나 가까운 사이가 아닐 때에는 대개 ~て ください를 써서 무엇을 부탁하거나 공손한 명령의 의미를 나타낸다. 또한, 친구나 가까운 사이에서는 ください를 생략하고 味を みて 맛을 봐 와 같이 て형만을 사용해서 명령의 뜻을 나타낸다.

공손한 명령

~て ください。 ~해 주십시오

가까운 사이에서의 명령

~て。 ~해

예 りんごを 食べて ください。　사과를 드십시오. 공손한 표현

cf りんごを 食べて。　사과 먹어.　친구사이

りんごを 食べて。

와~ 맛있겠다!

동물 動物 [どうぶつ]

- 犬[いぬ] 개
- 牛[うし] 소
- 馬[うま] 말
- 豚[ぶた] 돼지

- 猫[ねこ] 고양이
- 兎[うさぎ] 토끼
- 猿[さる] 원숭이

 今日の　日替わり　ランチ　**は　何ですか**　。

は　牛丼です

を　ください

오늘의 날짜별 점심 [은 무엇입니까? / 은 소고기 덮밥입니다. / 을 주십시오.]

일본식 소고기 덮밥

 これを　**買っ**　て　**みる**　。

使っ　**ください**

食べ

이것을 　[사 / 사용해 / 먹어]　[보겠다 / 주십시오.]

운형 연습

146

- お一人様ですか。
  （ひとり さま）

  한 분이십니까?

  ➡ 네, 그렇습니다.

- ご注文を どうぞ。
  （ちゅうもん）

  주문하십시오.

  ➡ 정식 1인분 주십시오.

- どうぞ、めしあがって ください。

  어서 드십시오.

  ➡ いただきます。

  잘 먹겠습니다.

- ごちそうさまでした。

  잘 먹었습니다.

우동 & 오야꼬동

☐ 一人 [ひとり]	한 명
☐ ～様 [さま]	사람이나 신 등을 높여 부르는 말 ～님, 분
☐ 注文 [ちゅうもん]	주문
☐ めしあがる [召し上がる]	잡수시다, 드시다
☐ いただく	받들다
☐ ごちそう	맛있는 음식

13과 不動産屋 부동산

不動産
東洙

ごめんください。アパートを 探して いるんですけど。

不動産屋

ご予算は。

4万円ぐらいのは ありませんか。

洋室で、台所と トイレが ついて います。

それは 何階ですか。

2階です。

どの 辺ですか。

新宿駅から 自転車で 5~6分の ところで、
すぐ 前が 公園なので、風通しが いいですよ。

なかなか よさそうですね。

時間が あれば、今 ご案内いたしましょうか。

そうですね。
じゃ、見せて くださいませんか。

さあ、どうぞ。

부동산

동수	실례합니다. 아파트를 찾고 있습니다만.
직원	예산은?
동수	4만엔 정도 하는 것이 있습니까?

직원	서양식으로, 부엌과 화장실이 달려 있습니다.
동수	그것은 몇 층입니까?
직원	2층입니다.

동수	어디쯤입니까?
직원	신주쿠역에서 자전거로 5,6분 정도로, 바로 앞이 공원이라서, 통풍이 좋습니다.
동수	꽤 괜찮을 것 같군요.

직원	시간이 있으면, 지금 안내해 드릴까요?
동수	그렇군요. 그럼, 보여 주시겠습니까?
직원	자, 가시지요.

Track 14

☐ アパート [apartment] 　아파트
☐ 探す [さがす] 　찾다
☐ 予算 [よさん] 　예산

☐ 洋室 [ようしつ] 　양실. 서양식방
☐ 台所 [だいどころ] 　부엌
☐ トイレ [toilet] 　화장실
☐ つく [付く] 　붙다, 달려있다
☐ 何階 [なんかい] 　몇 층

☐ 辺 [へん] 　근처, 부근
☐ 新宿駅 [しんじゅくえき] 　신주쿠역
☐ 自転車 [じてんしゃ] 　자전거
☐ すぐ 　바로
☐ 前 [まえ] 　앞
☐ 公園 [こうえん] 　공원
☐ 風通し [かぜとおし] 　통풍
☐ なかなか 　꽤, 좀처럼

☐ 時間 [じかん] 　시간
☐ 案内 [あんない] 　안내
☐ 見せる [みせる] 　보이다

ポイント Point

1 洋室で、台所と トイレが ついて います。

①〜では 〜(로)서, 〜으로써의 뜻으로 어떠한 상태나 사정을 나타낸다. 이 외에도 〜では 여러가지의 의미를 나타내는데 그 의미의 차이를 알아보면 다음과 같다.

〜で　　　**〜로, 으로써**

■ で 의 여러 가지 의미

〜(로)서, 〜으로써　공손한 표현	
예 これで 終ります。	이것으로써 끝마치겠습니다.
〜로　수단이나 방법	
예 自転車で 学校へ 行きます。	자전거로 학교에 갑니다.
〜에서　어떤 동작을 하는 장소	
예 デパートで シャツを 買います。	백화점에서 샤츠를 삽니다.
〜에, 〜으로　시간이나 수량	
예 3枚で 100円です。	3장에 100엔입니다.
〜에서　어떠한 범위에서 무엇인가를 선택할때 그 범위 전체	
예 会社で 山田さんが いちばん 若いです。	회사에서 야마다씨가 가장 젊습니다.
〜(으)로, 때문에　원인이나 이유	
예 雪で バスが 来ません。	눈 때문에 버스가 오지 않습니다.

② ~と는 어떤 사물을 구체적으로 **전부 열거**해서 말하는 것으로, **~や**와 차이가 있다. ~や는 많은 물건 중에서 전부 열거하는 것이 아니라 두, 세 개 정도만 예를 들어 말하는 것이다.

예 机の 上に 本 **と** ペンが ある。　　　책상 위에 책과 펜이 있다.

책상 위에 오직 책과 펜만 있음

机の 上に 本 **や** ペンが ある。　　　책상 위에 책이랑 과 펜이 있다.

책상 위에 책과 펜 이외에 다른 물건도 있음

그리고 **や** 뒤에는 **など**가 호응해서 자주 쓰인다.

예 机の 上に 本や ペン **など**が ある。　　책상 위에 책과 펜이 등이 있다.

■ **と**의 여러 가지 의미

~와 함께　사람을 나타내는 말과 함께 쓰일 때
예 あなたと 本を 読む。　　　너와 함께 책을 읽는다.
비교의 대상　구체적인 것을 들어서 비교할 때
예 コーヒーと ミルクと、どちらが いいですか。 커피와 우유 중, 어느 쪽이 좋습니까?
~라고　と가 思う, 言う의 앞에 올 때
예 あした 雨が 降ると 思います。　　　내일 비가 올 거라고 생각합니다.

① なかなかは 뒤에 오는 말에 따라 그 의미가 달라진다. 여기에서처럼 **(1)꽤, 상당히, 제법** 의 뜻을 나타내기도 하며, 뒤에 **(2)부정하는 말**이 오면 **좀처럼 ~하지 않다**의 뜻이 된다.

なかなか

(1) 꽤, 상당히, 제법

なかなか 寒いですね。
꽤, 상당히 춥군요.

(2) 좀처럼 ~하지 않다

バスが なかなか 来ない。
버스가 좀처럼 오지 않는다.

② ~そうだ는 ~일 것 같다는 뜻으로, い형용사, な형용사, 동사에 붙어서 아마 ~한 상태일 것이다라는 의미를 나타낸다. 규칙에 따라 변화한다.

い형용사 / な형용사 / 동사 ✛ ~そうだ ~일 것 같다

い 형용사 -い ⇨ -そうだ		な 형용사 -だ ⇨ -そうだ		동사 -ます형 ✛ -そうだ	
おいしい 맛있다	おいしそうだ 맛있을 것 같다	元気だ 건강하다	げんきそうだ 건강할 것 같다친	降る 내리다	ふりそうだ 내릴 것 같다
うれしい 기쁘다	うれしそうだ 기쁠 것 같다	親切だ 친절하다	しんせつそうだ 절할 것 같다	落ちる 떨어지다	おちそうだ 떨어질 것 같다
よい 좋다	*よさそうだ 좋을 것 같다	便利だ 편리하다	べんりそうだ 편리할 것 같다	する 하다	しそうだ 할 것 같다
ない 없다	*なさそうだ 없을 것 같다	不便だ 불편하다	ふべんそうだ 불편할 것 같다	始める 시작하다	はじめそうだ 시작할 것 같다

＊ よい(良い)와 ない(無い)는 い ⸱⸱⸱▸ さそうだ 로 바뀌는 것에 주의하자.

예 この バナナは おいしそうだ。 이 바나나는 맛있을 것 같다.

これは おいしくなさそうだ。 이것은 맛 없을 것 같다.

その 子は 元気そうです。 그 아이는 건강할 것 같습니다.

授業を 始めそうです。 수업을 시작할 것 같습니다.

① 至<ruby>いた</ruby>すは するの 정중한 표현이다. お＋명사＋する는 정중한 표현을 나타내는데, **する대신에 いたす**를 쓰면 더욱 정중한 표현이 되는 것이다.

お / ご ＋ 명사 ＋ いたす   정중한 표현

예 お願<ruby>ねが</ruby>いいたします。　　　　　부탁드리겠습니다.

ご説明<ruby>せつめい</ruby>いたします。　　　　　설명드리겠습니다.

失礼<ruby>しつれい</ruby>いたします。　　　　　실례하겠습니다.

② ～ましょうかは ～할까요?의 뜻으로 상대방에게 도움이 되거나 은혜를 베푸는 일 등을 말할 때 사용한다.

～ましょうか   상대방 의향을 물을 때

예 タクシーを 呼<ruby>よ</ruby>びましょうか。　　택시를 부를까요?

⋯ はい、お願<ruby>ねが</ruby>いします。　　　　네, 부탁합니다. 불러 주세요

いいえ、けっこうです。　　　　아니오, 괜찮습니다.

그리고 ～ましょう로 쓰여 ～합시다, ～하자의 의미를 뜻해서 듣는 사람에게 무엇인가를 하자는 권유, 제안 을 나타내기도 한다.

～ましょう   권유, 제안

예 では、行<ruby>い</ruby>きましょう。　　　　그럼, 갑시다.

じゃ、飲<ruby>の</ruby>みましょう。　　　　자, 마십시다.

～て＋いる/ある

동사의 **て**형과 いる, ある가 합쳐져서, **진행이나 어떠한 결과의 상태를 나타낸다.**
주의할 것은 ～て いる는 앞에 오는 동사가 자동사이냐 타동사이냐에 따라서 의미
가 달라진다. 그리고 ～て ある는 상태만을 나타낸다. 자동사에는 **ある**가 붙는 표
현은 없다.

그럼 자동사, 타동사는 어떻게 구별할까?

보통, 자동사는 목적어를 필요로 하지 않기 때문에 앞에 주로 ～が **이/가**, ～は 은/는과 같
은 조사가 오며, 타동사는 목적어가 있어야 하기 때문에 주로 ～を 을/를과 같은 조사가 온다.
예외도 있으나 일반적인 구별방법이다.

자동사		타동사	
開く	열리다	開ける	열다
閉まる	닫히다	閉める	닫다
上がる	오르다	上げる	올리다
付く	붙다	付ける	붙이다

형태	예문	
자동사 ＋ て いる 〔상태〕	ドアが 開いて いる	문이 열려 있다
타동사 ＋ て いる 〔진행〕	ドアを 開けて いる	문을 열고 있다
타동사 ＋ て ある 〔상태〕	ドアが 開けて ある	문이 열려 있다

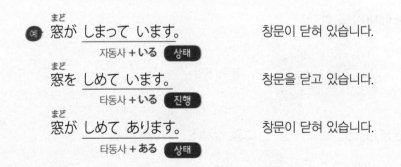

예 窓が しまって います。　　　　창문이 닫혀 있습니다.
　　　＿＿＿＿＿＿＿＿
　　　자동사＋いる 〔상태〕

窓を しめて います。　　　　　창문을 닫고 있습니다.
＿＿＿＿＿＿＿＿
타동사＋いる 〔진행〕

窓が しめて あります。　　　　창문이 닫혀 있습니다.
＿＿＿＿＿＿＿＿
타동사＋ある 〔상태〕

마실 것 飲み物[のみもの]

- ミルク[milk] 우유
- コーヒー[coffee] 커피
- 紅茶[こうちゃ] 홍차
- 麦茶[むぎちゃ] 보리차
- ミネラルウォーター 미네랄 워터

- ジュース[juice] 쥬스
- コーラ[cola] 콜라
- お茶[おちゃ] 녹차
- おひや 마시는 물 냉수

1

| 台所 だいどころ | と | トイレ | が | あります。 |

| パン | | ミルク |

| りんご | | いちご |

| 漫画 まんが | | 小説 しょうせつ |

[부엌과 화장실 / 빵과 유유 / 사과와 딸기 / 만화와 소설] 이 있습니다.

2

なかなか

| よさそうですね | 。 |

| 暑いですね あつ |

| 来ませんね き |

(꽤 / 좀처럼) [좋을 것 같군요 / 덥군요 / 오지 않는군요].

3

| 見せ み | て くださいませんか。 |

| 書い か |

| 待っ ま |

[보여 / 써 / 기다려] 주시지 않겠습니까?

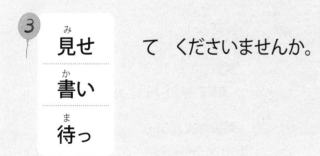

운형 연습

155

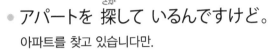
ふどうさんや
부동산에서

Track 14

● アパートを 探^{さが}して いるんですけど。

아파트를 찾고 있습니다만.

➡ 좋은 물건이 나와 있습니다.

● 部屋^{へ や}を ちょっと 見^みせて ください。

방을 좀 보여 주십시오.

➡ 예, 이쪽으로 오십시오.

● 洋室^{よう しつ}ですか、和室^{わ しつ}ですか。

서양식 방입니까, 일본식 방입니까?

➡ 일본식 방입니다.

● 家賃^{や ちん}の 支払^{し はら}いは いつですか。

월세의 지불은 언제입니까?

➡ 월말입니다.

다다미방 (일본식 방)

☐ **アパート** [apartment]　　아파트 》 우리나라의 맨션개념

☐ **探す** [さが]　　찾다

☐ **部屋** [へや]　　방

☐ **見せる** [みせる]　　보여주다

☐ **洋室** [ようしつ]　　서양식 방

☐ **和室** [わしつ]　　일본식 방 》 다다미방

☐ **家賃** [やちん]　　집세 (월세)
　・**家賃を 払う** [はらう] 집세를 지불하다

☐ **支払い** [しはらい]　　지불

☐ **いつ**　　언제

방을 계약하려면? 일본의 땅값은 세계에서 제일 높은 편이다. 특히 東京도쿄의 경우, 우리나라의 큰 화장실 만한 곳에서 생활하는 사람도 있을 정도다. 그리고 젊은이들은 대학을 다닐때부터 독립해 **ひとりぐらし**라고 해서 혼자서 생활하는 사람들이 많다. 이렇게 새로 생활하려면 우선, 방을 구해야 하는데 땅값이 비싼 만큼 집세도 비싸다.

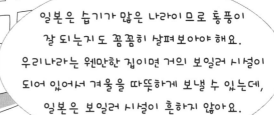

ドンイン　不動産屋

석유난로나 온풍기 등을 주로 이용하며, 전통 난방기구인 **こたつ**고다츠를 사용해요. 이것은 식탁 같은 것에 담요를 덮어 넣고 그 밑에 전기 난로 같은 것이 붙어 있어서 전기를 켜면 그 속은 따뜻해져요.

일본은 습기가 많은 나라이므로 통풍이 잘 되는지도 꼼꼼히 살펴보아야 해요. 우리나라는 웬만한 집이면 거의 보일러 시설이 되어 있어서 겨울을 따뜻하게 보낼 수 있는데, 일본은 보일러 시설이 흔하지 않아요.

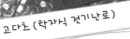

고다츠 (탁자식 전기난로)

부동산이나 주택정보지를 보고 정보를 구한 후, 마음에 드는 것이 있으면 부동산에 있는 사람과 함께 보러 가면 됩니다. 우리나라와 다른 점은 전세가 거의 없으며 화장실이나 부엌, 욕실 등이 딸려있느냐, 없느냐에 따라 가격이 차이가 난다는 점이죠.

14과 電話 전화

山本の母

もしもし、山本です。

東洙

もしもし、山本順子さん お願いします。

順子は 今、外出して いますが。

あー、いらっしゃいませんか。

8時か 8時 半ごろ 帰ってくると 言って いましたが。

じゃ、9時ごろ もう 一度 お電話します。

9時ごろ

もしもし、金東洙と 申しますが、

順子さん いらっしゃいますか。

まだ、帰って 来ないんですが。

では、すみませんが、

私の 方に 電話するように 伝えて ください。

電話番号は 知って いますか。

はい、知って いると 思います。

야마모또 母	여보세요, 야마모또입니다.	
동수	여보세요, 야마모또 준꼬씨 부탁드립니다.	
야마모또 母	준꼬는 지금, 외출했습니다만.	

☐ **もしもし** 　여보세요
☐ **山本** [やまもと] 　야마모또 姓
☐ **順子** [じゅんこ] 　준꼬 人名
☐ **外出する** [がいしゅつする] 외출하다

동수	아, 지금 안 계십니까?
야마모또 母	8시나 8시30분 정도
	돌아올 거라고 말했습니다만.
동수	그럼, 9시쯤 다시 한번 전화하겠습니다.

☐ **いらっしゃる** 　오시다, 가시다, 계시다
☐ **時** [じ] 　시
☐ **半** [はん] 　반
☐ **帰る** [かえる] 　돌아오다
☐ **もう 一度** [いちど] 　한번 더
☐ **電話する** [でんわする] 　전화하다

9시쯤

동수	여보세요, 김동수라고 합니다만,
	준꼬씨 계십니까?
야마모또 母	아직, 돌아오지 않았습니다만.
동수	그럼, 죄송하지만,
	제 쪽으로 전화 좀 해달라고 전해 주십시오.

☐ **まだ** 　아직
☐ **来る** [くる] 　오다
☐ **~方** [ほう] 방향을 나타내는 말 ~쪽
☐ **伝える** [つたえる] 　전하다

야마모또 母	전화번호는 알고 있습니까?
동수	알고 있을 거라 생각합니다.

☐ **電話番号** [でんわばんごう] 전화번호
☐ **知る** [しる] 　알다

159

ポイント Point

1 もしもし、山本です。

もしもし는 여보세요라는 뜻으로 もうしもうし가 줄여서 된 말이다. 전화에서 상대방을 부를때 쓰는 말로 영어의 Hello 에 해당한다. 간혹, 길거리나 상점에서 전혀 모르는 사람에게 말을걸 때 사용하기도 한다.

> 예 もしもし、大橋と 申しますが。　　　여보세요, 오오하시라고 합니다만.
>
> 　　もしもし、ちょっと 聞きたいんですが。　여보세요, 잠깐 말 좀 묻겠습니다.

2 いらっしゃいませんか。

いらっしゃいませんか는 안 계십니까?의 뜻으로, 기본형은 いらっしゃる이다. 이 말은 가다, 오다, 있다의 경어 표현으로 가시다, 오시다, 계시다의 뜻이 되므로, 문맥에 따라서 알맞게 해석하면 된다.
단, ます를 붙일 때 いらっしゃります가 아니라 いらっしゃいます가 되는 것에 주의하자.

いらっしゃいます　　가시다, 오시다, 계시다 경어표현

> 예 先生は いらっしゃいますか。　선생님은 계십니까?
>
> 　　よく いらっしゃいました。　　잘 오셨습니다.

いらっしゃいませ。

 일반상점에서는 어서오십시오. いらっしゃいませ。라고 말하면서 손님을 맞이한다.

3 8時か、8時半ごろ 帰って くると 言って いましたが。

① 시간표현은 時, 分 등이 있는데, 일본어로는 じ, ふん이라고 하며, 숫자 뒤에 붙이면 된다.
　숫자에 따라 발음이 달라지는 것이 있으므로 주의해서 외워두자.

숫자 ＋ 時 ~시

Track 15

■ 시간 읽기

よんじ가 아님에 주의

1時	2時	3時	4時	5時	6時	7時
いちじ	にじ	さんじ	よじ	ごじ	ろくじ	しちじ

8時	9時	10時	11時	12時	何時	~시
はちじ	くじ	じゅうじ	じゅういちじ	じゅうにじ	なんじ	

きゅうじ가 아님에 주의

숫자 ＋ 分 ~분

■ 분 읽기

いちぷん이 아님에 주의

1分	2分	3分	4分	5分	6分
いっぷん	にふん	さんぷん	よんぷん	ごふん	ろっぷん

7分	8分	9分	10分	半	何分
ななふん	はっぷん	きゅうふん	じゅっぷん じっぷん	はん	なんぷん

예 今、何時ですか。　　　지금 몇 시입니까?

⟶ ちょうど 4時です。　　정각 4시입니다.

⟶ 12時 半です。　　　　12시 반입니다.

②~か는 흔히 의문문의 끝에 쓰여서 ~까?의 의미로 쓰이지만, 여기에 쓰인 것은 의문의 조사가 아니라 ~이나, 또는 의 뜻으로 불확실한 것을 나타내거나 사물을 열거해서 그 중 하나를 선택하는 뜻을 나타내는 표현이다.

> 예 あっちか、こっちか どちらに し ま すか。
>
> 이 쪽 또는 저 쪽, 어느 쪽으로 하겠습니까? 의문에 쓰이는 조사.

4 電話するように 伝えて ください。

~ように의 기본형은 ~ようだ로 동사의 기본형에 붙어서 소원이나 의뢰를 나타내는 표현으로 ~하도록, ~하기를의 뜻이 된다. 이 외에도 ~할 수 있게라는 목적을 나타내기도 한다.

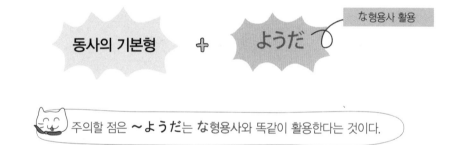

동사의 기본형 ＋ ようだ   な형용사 활용

주의할 점은 ~ようだ는 な형용사와 똑같이 활용한다는 것이다.

(1) 의뢰 : 하도록, ~하기를

> 예 帰る まえに 窓を 閉めるように して ください。
> 돌아가기 전에 창을 닫도록 해 주십시오.

(2) 목적 : ~할 수 있게

> 예 間に 合うように 出よう。   시간에 맞출 수 있게 나가자.

~ようだ가 명사나 연체형 뒤에 올 때는 ~와 같은의 뜻이 되어 다른 사물과 비교하거나 예를 들어 말할 때 사용한다.

명사
연체형 + の + ようだ

な형용사 활용

(3) 비교나 예시 : ~와 같은

예 雪のように 白い。　　　눈과 같이 하얗다.

りんごのような わたしの 顔　사과 같은 내 얼굴

---

5 電話番号は 知って いますか。

전화번호를 읽는 법은 우리와 같으며 우리말의 － : ~의는 の라고 읽는다.

に　に　なな　ご　　　の　　　さん　ご　に　なな
2　2　7　5　　－　3　5　2　7

~は 知って いますか는 ~은 알고 있습니까? 라는 뜻으로 상대방에게 알고 있는지를 물어볼 때 쓰는 말이다. 단, 모른다고 대답할 때는 ~知って いませんの 아니라 知りません이라고 해야하는 것에 주의하도록 하자.

예 あの 人を 知って いますか。　　저 사람을 알고 있습니까?

⇢ はい、知って います。　　　　네, 알고 있습니다.

⇢ いいえ、知りません。　　　　　아니오, 모릅니다.

통신기기

- 電話[でんわ] 전화
- ポケベル[pocket bell] 삐삐 무선 호출기
- PHS 우리나라의 PCS와 비슷
- 携帯電話[けいたいでんわ] 휴대폰, 핸드폰
- PMP 피엠피
- ローミング携帯[roaming けいたい] 임대 로밍폰

1

もしもし、

> 山本[やまもと]です
>
> パクさん いらっしゃいますか
>
> 鈴木[すずき]さんの お宅[たく]ですか
>
> 一郎[いちろう]さん おねがいします

。

여보세요, [야마모또입니다 / 박씨 계십니까? / 스즈끼씨 집입니까? / 이치로씨 부탁합니다.]

2

今[いま]は

> 8時[はちじ]
>
> ちょうど 12時[じゅうにじ]
>
> 9時[くじ] 5分[ごふん] 前[まえ]

です。

지금은 [8시 / 정각 12시 / 9시 5분 전] 입니다.

3

> 電話[でんわ]する
>
> ぜひ 来[く]る
>
> 明日[あした]まで 待[ま]つ

ように 伝[つた]えて ください。

운형 연습

[전화 하 / 꼭 오 / 내일까지 기다리] 라고 전해 주십시오.

今の日本

전화에서

- 여보세요, 누구십니까?

  ➡ もしもし、木下で ございます。
  _{きのした}
  여보세요, 기노시따입니다.

- 私が 電話に 出ます。
  _{でん わ} _で
  제가 받겠습니다.

전화카드

- また、あとで おかけします。
  나중에 다시 걸겠습니다.

- あとで かけなおして くださいませんか。
  나중에 다시 전화 하시겠습니까?

私が 電話に 出ます。
제가 받겠습니다.

- 鈴木さんから 電話が ありましたよ。
  _{すず き} _{でん わ}
  스즈끼씨에게서 전화가 왔었습니다.

☐ もしもし	여보세요	☐ あとで	나중에, 잠시 후에
☐ 木下 [きのした]	기노시따 姓	☐ かける	걸다
～で ございます ~입니다		・電話を かける 전화 걸다	
☐ 出る [でる]	나가다	☐ かけなおす[かけ直す] (전화를) 다시 걸다	
・電話に でる 전화를 받다			

165

東洙

あのう、すみません。

駅員

はい、何^{なん}でしょうか。

原宿^{はらじゅく}まで 行^いきたいんですが、どうやって 行^いきますか。

原宿^{はらじゅく}ですか。

そしたら、 乗^のり換^かえ しなければ ならないです。

乗^のり換^かえですか。

では、どこで 乗^のり換^かえますか。

新宿^{しんじゅく}です。

新宿駅^{しんじゅくえき}で JR 山手線^{ジェーアール やまのて せん}に 乗^のり換^かえて ください。

そうですか。

では、乗^のり場^ばは どちらですか。

あの 赤^{あか}い 丸^{まる}の ところで

新宿行^{しんじゅくゆ}きに 乗^のって ください。

Track
16

동수	저, 실례합니다.	
역무원	네, 무슨 일입니까?	
동수	하라주쿠까지 가고싶습니다만,	
	어떻게 갑니까?	

☐ 原宿 [はらじゅく]　　하라주쿠 地名
우리 나라의 대학로와 비슷하게 젊고
활기찬 곳으로 젊은이들이 많이 모이는 곳

☐ 行く [いく]　　가다

☐ ～たい　　～하고 싶다

☐ どう　　어떻게

☐ やる　　하다

역무원	하라주쿠말입니까?	
	그렇다면, 갈아타야만 합니다.	
동수	갈아타야합니까?	
	그럼, 어디에서 갈아탑니까?	

☐ そしたら　　그렇다면

☐ 乗り換え [のりかえ]　　갈아타기

☐ JR 山手線　　JR야마노테선
[ジェーアールやまのてせん]

역무원	신주쿠에서요,	
	신주쿠역에서 JR야마노테선으로 갈아타십시오.	
동수	그렇습니까?	
	그럼, 타는 곳은 어디입니까?	
역무원	저 빨간 동그라미 표시에서	
	신주쿠행을 타십시오.	

☐ 新宿 [しんじゅく]　　신주쿠

☐ 乗り場 [のりば]　　타는 곳

☐ 赤い [あかい]　　빨갛다

☐ 丸 [まる]　　동그라미

☐ ところ　　곳, 장소

☐ ～行き [ゆき]　　～행

☐ 乗る [のる]　　타다

167

1 原宿まで 行きたいんですが。

~んです **ⓟ** 144참조 는 이미 설명하였지만, 상대방의 대답을 기다리는 뜻이 담겨 있음을 나타낸다. 음이 편하다고 우리나라 사람들이 아무 때나 사용하는 경우가 있는데, 주의해야 한다.

예 映画館に 行きたいんですが。　영화관에 가고 싶은데요.

같이 가시지 않겠습니까? 라는 뜻이 들어 있다.

2 ～なければ ならないです。

～なければ ならないです는 ～해야만 합니다라는 뜻으로, ～なければ なりません이라고 해도 된다. 해야한다는 의무·당연의 뜻을 나타내며, ～なければ앞에는 동사의 부정형이 온다.

동사의 부정형 ✛ なければ ならない ～해야만 한다

	기본형	부정형	의무·당연
1그룹 동사	行く 가다 ⋯▶	行かない 가지 않다 ⋯▶	行かなければ ならない 가야만 한다
2그룹 동사	食べる 먹다 ⋯▶	食べない 먹지 않다 ⋯▶	食べなければ ならない 먹어야만 한다
3그룹 동사	来る 오다 ⋯▶	来ない 오지 않다 ⋯▶	来なければ ならない 와야만 한다
	する 하다 ⋯▶	しない 하지 않다 ⋯▶	しなければ ならない 해야만 한다

예 約束は 守らなければ ならない。　　약속은 지켜야만 한다.
　　やくそく　まも

薬を 飲まなければ ならないです。　　약을 먹어야만 합니다.
くすり　の

来月までには 来なければ なりません。　　다음달까지는 와야만 합니다.
らいげつ　　　　こ

3 乗り換えですか。

乗り換える는 갈아타다 라는 뜻의 동사로, ～です 앞에 동사가 그대로 올 수는 없으며,
の　か

명사형으로 바뀌어야 하는데, 동사는 ます형이 명사의 역할을 한다.

 동사의 ます형이 명사역할을 할 때의 형태를 전성명사라 한다.

乗り換える는 끝이 −eru로 끝나는 2그룹 동사이므로, 이것을 명사형으로 바꿀 때는
の　か

る를 빼면된다. 그러므로 乗り換えですか는 갈아타기입니까? 라는 뜻이다.
の　か

아래의 예문처럼 お + 동사의 명사형 + ですか는 ～입니까? 라는 정중한 뜻을 나타낸다.

お ✚ 동사의 명사형 ✚ ですか　　～입니까?

예 お書きですか。　　씁니까?
　　　か

お飲みですか。　　마십니까?
　　の

お書きですか。

169

4 JR山手線に 乗り換えて ください。

〜に 乗り換える는 〜로 갈아타다의 뜻으로 조사 に를 쓰는 것에 주의해야 한다. 이렇게 우리말의 조사와 딱 맞지 않는 것이 일본어에 간혹 있으므로 이런 것은 신경을 써서 외어 두자.

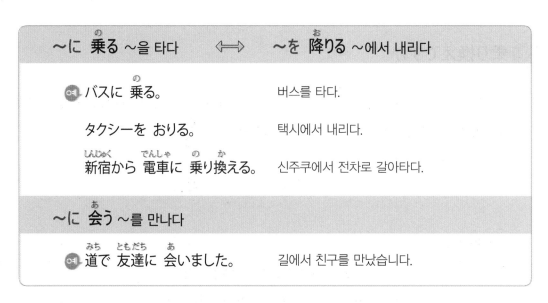

〜に 乗る 〜을 타다 ⟷ 〜を 降りる 〜에서 내리다

예 バスに 乗る。	버스를 타다.
タクシーを おりる。	택시에서 내리다.
新宿から 電車に 乗り換える。	신주쿠에서 전차로 갈아타다.

〜に 会う 〜를 만나다

| 예 道で 友達に 会いました。 | 길에서 친구를 만났습니다. |

5 では 乗り場は どちらですか。

乗り場는 타는 곳이라는 뜻이다. 이렇게 장소를 나타내는 것 중에 〜場로 끝나는 말이 있는데, 이것은 대체로 읽는 법이 두 가지이다.

場
(1) ば
(2) じょう

예 きっぷ 売り場	표 파는 곳
市場	시장
運動場	운동장

きっぷ 売り場 표 파는 곳

6 赤い 丸の ところで 新宿行きに 乗って ください。

① ～の 所는 범위나 장소를 나타내는 말로 해석을 따로 할 필요는 없지만, ～곳의 의미를 뜻한다.

예 エレベーターの ところで 待って ください。
엘리베이터에서 기다리십시오.

あの ハチ公の ところは いつも 込んで います。
저 하치코상이 있는 곳은 언제나 붐빕니다.

시부야역 앞에 서 있는 하치 코상

*込む 붐비다

② ～行きと ～행이라는 뜻으로, 장소를 나타내는 말과 함께 쓰여 그곳을 향하여 간다는 뜻이다. 이와 비슷한말로 ～처라는 말이 있는데, 이것은 ～先라는 말을 사용한다.

~行き
~행

~先
~처

예 大阪行き。　　오사카행

連絡先　　　연락처

연락처 좀 줄래?

③ ～て くださいませんか는 ～해 주시지 않겠습니까?의 뜻으로 상대방에게 의뢰하는 표현이다. ～て ください ～해 주십시오보다 더 정중함을 나타낸다.

예 今日、来て くださいませんか。　　오늘 와 주시지 않겠습니까?

⋯▶ はい、行きます。　　네, 가겠습니다.

～たい

～たいは ～하고 싶다는 희망이나 소망을 나타내는 말로, 주어가 1인칭 나, 2인칭 너일 때 사용하는 말이다. 동사의 ます형과 결합하며 ～을에 해당하는 조사는 ～が를 쓴다. ～たい 자체는 끝이 –い로 끝나므로, い형용사와 똑같이 활용한다.

~たい　　～하고 싶다

동사	～たい	부정	과거	과거 부정
변화 규칙	ます형+たい ～하고 싶다	たい … たく ない ～하고 싶지 않다	たい … たかった ～하고 싶었다	たい … たく なかった ～하고 싶지 않았다
飲む 마시다	飲みたい 마시고 싶다	飲みたく ない 마시고 싶지 않다	飲みたかった 마시고 싶었다	飲みたく なかった 마시고 싶지 않았다
食べる 먹다	食べたい 먹고 싶다	食べたく ない 먹고 싶지 않다	食べたかった 먹고 싶었다	食べたく なかった 먹고 싶지 않았다
する 하다	～したい ～하고 싶다	～したく ない ～하고 싶지 않다	～したかった ～하고 싶었다	～したく なかった ～하고 싶었다

예　ビールが 飲みたいです。　　맥주를 마시고 싶습니다.

何が 食べたい。　　무엇이 먹고 싶어?

…› 刺身が 食べたい。　　회를 먹고 싶어.

정중함을 나타내려면 –たい뒤에 –です를 붙이고, 과거를 만들 때는 –たい의 –い를 –かった로 바꾼다. 그리고 ～하고 싶지 않다라는 부정은 –たい의 –い를 –く ない로 바꾸면 된다.

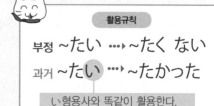

활용규칙

부정 ～たい …› ～たく ない
과거 ～たい …› ～たかった

い형용사와 똑같이 활용한다.

예 きょう ビールは 飲^のみたく ないです。　오늘 맥주는 마시고 싶지 않습니다.

きょう ビールは 飲^のみたく ありません。　〃

きのう ビールが 飲^のみたかった。　어제 맥주가 마시고 싶었다.

목적격 조사는 が가 아니라 を를 쓴다.

きのう ビールは 飲^のみたく なかった。　어제 맥주는 마시고 싶지 않았다.

부정어 앞에서는 조사 は를 쓴다.

그리고, 주어가 3인칭 **그 남자, 그녀** 일 때는 **〜たがる 〜하고 싶어하다** 를 쓰는데, 의미상 상태를 나타내는 **〜たがって いる**로 많이 쓰인다. 주의할 것은 〜을에 해당하는 조사는 **〜を**를 쓴다.

예 彼女^{かのじょ}は 車^{くるま}を 買^かいたがって います。　그녀는 차를 사고 싶어합니다.

兄^{あに}は いつも ビールを 飲^のみたがって いる。　형은 언제나 맥주를 마시고 싶어한다.

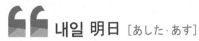 내일 明日 [あした·あす]

- おととい 그저께
- きのう 어제
- きょう 오늘
- あさって 모레
- 今日[きょう] 오늘

- 今月[こんげつ] 이번 달
- 今年[ことし] 올해
- 今朝[けさ] 오늘 아침
- 今夜[こんや] 오늘 저녁

1

原宿まで 行き
予約し
今月の スケジュールが 知り

たいんですが。

[하라주쿠까지 가고 / 예약하고 / 이번 달 스케줄을 알고] 싶습니다만.

2

ここで 乗り換えし
規則は 守ら
病院へ 行か

なければ ならない。

[여기에서 갈아타 / 규칙은 지켜 / 병원에 가] 야만 한다.

3

JR山手線
バス
タクシー

に 乗り換えて ください。

운형 연습

[JR야마노테선 / 버스 / 택시] 로 갈아타십시오.

전철을 탈때

- ドアが 開_あきます。

  문이 열립니다.

- ドアが 閉_しまります。

  문이 닫힙니다.

지하철 표시

- まもなく 3番線_{さんばんせん}に 電車_{でんしゃ}が まいります。

  곧 3번 선에 전차가 도착합니다.

- どの 電車_{でんしゃ}に 乗_のり換_かえますか。

  어떤 열차로 갈아탑니까?

  ➡ 마루노우찌선으로 갈아타십시오.

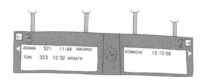

- 다음 역은 어디입니까?

  ➡ つぎの 駅_{えき}は 銀座_{ぎんざ}です。

    다음 역은 긴자입니다.

일본 지하철은 땅속으로,
전철은 지상으로 고 고!!

☐ ドア [door]	문	☐ まいる [参る]	오다, 가다의 낮춤말
		· 会社から まいりました 회사에서 왔습니다.	
☐ 開く [あく]	열리다		
☐ 閉まる [しまる]	닫히다	☐ 乗り換える [のりかえる]	갈아타다
☐ まもなく [間も 無く]	곧, 머지않아	☐ つぎ [次]	다음
☐ ~番線 [ばんせん]	~번선	☐ 駅 [えき]	역
☐ 電車 [でんしゃ]	전차	☐ 銀座 [ぎんざ]	긴자 <地名>

16과 銀行 은행

東洙
新しく 口座を 開きたいんですが。

銀行員
ありがとう ございます。ご新規ですか。

はい。

では、3番の 窓口へ どうぞ。

3番の 窓口

外国人登録証とか パスポートは 持って いますか。

はい。

では、この 申込書に 記入して ください。

すみませんが、この H・S・T・Mと いうのは 何ですか。

それは 平成・昭和・大正・明治の かしら文字です。

はい、全部 書きました。

すぐ お渡ししますので、
少々 お待ちください。

はい。

Track 17

동수	새로 계좌를 열고 싶습니다만.
은행원	감사합니다. 신규인가요?
동수	네.
은행원	그럼, 3번 창구로 가 주십시오.

☐ 新しく [あたらしく]	새로이, 새롭게
☐ 口座 [こうざ]	계좌
☐ 開く [ひらく]	열다, (통장을) 만들다
☐ 新規 [しんき]	신규
☐ 窓口 [まどぐち]	창구

3번 창구

은행원	외국인 등록증이나 여권은 가지고 계십니까?
동수	네.
은행원	그럼, 이 신청용지에 기입해 주십시오.

☐ 外国人登録証 [がいこくじんとうろくしょ]	외국인 등록증
☐ パスポート [passport]	여권
☐ 持つ [もつ]	가지다
☐ 申込書 [もうしこみしょ]	신청서
☐ 記入する [きにゅうする]	기입하다

동수	죄송합니다만, 이 H · S · T · M이라고 하는 것 무엇입니까?
은행원	그것은 헤세 · 쇼와 · 다이쇼 · 메이지의 머리글자입니다.
동수	여기, 전부 썼습니다.

☐ 平成 [へいせい]	헤세
☐ 昭和 [しょうわ]	쇼와
☐ 大正 [たいしょう]	다이쇼
☐ 明治 [めいじ]	메이지
☐ かしら文字 [もじ]	어두문자

〈문장이나 고유명사의 첫 번째 글자〉

은행원	곧 드리겠으니, 잠시만 기다려 주십시오.
동수	네.

☐ 全部 [ぜんぶ]	전부, 모두
☐ 渡す [わたす]	건네주다
☐ 少々 [しょうしょう]	잠시
☐ 待つ [まつ]	기다리다

ポイント Point

1 あのう、新しく 口座を 開きたいんですが。

あのうは 우리말의 저, 여기요의 뜻으로, 말을 꺼낼 때나 누군가에게 말을 건넬 때 처음 습관적으로 하는 말이다.

> **예** あのう、聞^ききたい ことが ありますが。 여기요, 물어 보고 싶은 것이 있는데요.
>
> あのう、失礼^{しつれい}しますが。 저, 실례하겠습니다만.

新^{あたら}しくは い형용사 新^{あたら}しい 새롭다의 부사형으로 새롭게, 새로이의 뜻이다. い형용사가 명사를 꾸며줄 때는 기본형 그대로 꾸며 주지만, 명사가 아닌 동사나 부사를 꾸며줄 때는 형태가 변한다. 즉, 기본형 끝의 음인 い ┉▶ く로 바뀐다.

형용사 어미 -い ⇨ -く　　**형용사가 동사나 부사를 꾸며줄 때**

기본형			동사나 부사를 꾸며줄 때	
高^{たか}い	높다, 비싸다	┉▶	高^{たか}く	높게, 비싸게
美^{うつく}しい	아름답다	┉▶	美^{うつく}しく	아름답게
楽^{たの}しい	즐겁다	┉▶	楽^{たの}しく	즐겁게

> **예** 日本^{にほん}で たのしく すごして います。 일본에서 즐겁게 보내고 있습니다.
>
> ねだんが 高^{たか}く なりました。 값이 비싸졌습니다.

이 형태는 **い형용사**를 부정어로 만들 때도 나오는데 **~하지 않다**라고 할 때 **~く ない**로 바꾸어 주는 것이다. 즉, 형용사를 부정할 때는 **-い**를 **-く**로 바꾸고 부정의 의미인 **ない**를 붙여 준다.

형용사 어미 -い ⇒ -く ない　　　형용사의 부정

기본형		부정형		기본형		부정형	
たか 高い	높다	たか 高く ない	높지 않다	とお 遠い	멀다	とお 遠く ない	멀지 않다
なが 長い	길다	なが 長く ない	길지 않다	おもしろい	재미있다	おもしろく ない	재미있지 않다
おお 大きい	크다	おお 大きく ない	크지 않다	やさ 易しい	쉽다	やさ 易しく ない	쉽지 않다
ひろ 広い	넓다	ひろ 広く ない	넓지 않다	おも 重い	무겁다	おも 重く ない	무겁지 않다

예 この ゲームは おもしろく ないです.　　이 게임은 재미있지 않습니다.

　　これは 長くも 大きくも ありません.　　이것은 길지도 크지도 않습니다.

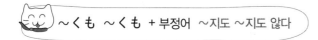

～くも ～くも ＋ 부정어 ～지도 ～지도 않다

2 外国人登録証とか パスポートは 持って いますか.

がいこくじんとうろくしょう
外国人登録証는 외국인이 일본에서 머무를 때 신분을 증명하는 것으로, 우리나라의 주민등록증과 같은 역할을 한다. 통장을 만들거나 보험에 가입하는 등 일본에서 생활을 하려면 반드시 필요하다.

～とか는 ～라든지, ～라거나 의 뜻으로 주로 예를 들어 말할 때 쓰는 표현이다.

예 りんごとか すいかとか バナナを 日本語で 果物と 言います.
にほんご　くだもの　い
사과나 수박이나 바나나를 일본어로 구다모노과일 라고 합니다.

3 この 申込書に 記入して ください。

申込書(もうしこみしょ)는 신청서를 의미한다. 이것은 申し込む(もうこ)신청하다 라는 동사에서 나온 말로 申請(しんせい)する라고 우리말과 같이 신청하다는 말이 있지만, 일본에서는 申し込む(もうこ)를 더 많이 사용한다.

이런 것이 우리말과 일본어가 비슷해서 일본어를 배우는데 약점이 될 수도 있는 단어들인데, 나올 때마다 잘 알아두자.

의미	우리말	일본어
애인, 연인	愛人	恋人(こいびと)
~학년	~学年	~年生(ねんせい)
여고생	女高生	女子高生(じょしこうせい)

예 우리말 約婚   약혼   cf 일본어 婚約(こんやく)   약혼

약혼은 우리말 約婚 과 일본어 婚約 의 순서가 틀리다.

4 この H·S·T·Mと いうのは 何ですか。

~と いうのは는 ~라고 하는 것은의 뜻으로, 회화체에서는 줄여서 ~って 라고도 한다.

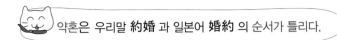

~と いうのは ≒ ~って   ~라고 하는 것은

예 銀行(ぎんこう)の 口座(こうざ)と いうのは 何(なん)ですか。   은행계좌라고 하는 것은 무엇입니까?

＝銀行(ぎんこう)の 口座(こうざ)って 何(なん)ですか。   "

5 平成・昭和・大正・明治の かしら文字です。

일본에는 우리와 다르게 고유의 연도를 세는 방법이 있다. 서기 년도로 세는 방법과 다음과 같이 연호를 사용하는 것인데, 일반적으로 연호를 더 많이 사용한다. 그러므로, 일본인과 대화를 하거나 생활을 하려면 연호 읽는 법 정도는 알아두어야 좋다.

연호력	서기력	연호력	서기력
1868년	めいじ いちねん 明治 1年	2000년	へいせい じゅうにねん 平成 12年
~	~	~	~
1912년	たいしょういちねん 大正 1年	2009년	へいせい にじゅういちねん 平成 21年
~	~	~	~
1926년	しょうわ いちねん 昭和 1年	2011년	へいせい にじゅうさんねん 平成 23年
~	~	~	~
1989년	へいせい いちねん 平成 1年	2012년	へいせい にじゅうよねん 平成 24年

흐으~
적금이 언제 만기여요?

2012년이요~

우리 그때 만납시다!
ㅋㅎㅎ

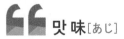
맛 味[あじ]

- 甘い[あまい] 달다 ←···→ 苦い[にがい] 쓰다
- すっぱい 시다 ←···→ 辛い[からい] 맵다
- 塩辛い[しおからい] 짜다 ←···→ 水っぽい[みずっぽい] 싱겁다
- おいしい 맛있다 ←···→ まずい 맛없다

1

| 高たか |
| あたたか |
| 安やす |

く　なりました。

[키가 커 높아 / 따뜻해 / 싸] 졌습니다.

2

高たか	くも	安やす	くも ありません。
暑あつ		寒さむ	
甘あま		苦にが	

[비싸 / 덥 / 달] 지도 [싸 / 춥 / 쓰] 지도 않습니다.

3

| 自動振替じ どう ふり かえ |
| 暗証番号あん しょうばん ごう |
| ATM |

と　いうのは　何なんですか。
≒ ~って

운형 연습

[자동이체 / 비밀번호 / 자동지급기 ATM] 라고 하는 것은 무엇입니까?

今の日本

- 預金を したいんですが。
  - よきん

  예금을 하고 싶습니다만.

  ➡ 네, 감사합니다.

- 普通預金の 口座を 開きたいんですが。
  - ふつうよきん　こうざ　ひら

  보통예금 계좌를 만들고 싶습니다만

  ➡ 이것을 작성해 주세요.

- この 紙幣を 両替して ください。
  - しへい　りょうがえ

  이 지폐를 바꿔 주세요.

  ➡ 잠시만 기다리세요.

로또가 당첨됐어요!!

- 銀行は 何時までですか。
  - ぎんこう　なんじ

  은행은 몇 시까지입니까?

  ➡ 3시까지입니다.

일본 은행

銀行 [ぎんこう]	은행	紙幣 [しへい]	지폐
		· 偽造紙幣 [ぎぞうしへい]	위조지폐
預金 [よきん]	예금		
		両替 [りょうがえ]	환전, 돈을 바꿈
普通預金 [ふつうよきん]	보통예금		
		何時 [なんじ]	몇 시
口座 [こうざ]	구좌, 계좌		
		~まで	~까지
開く [ひらく]	(통장을) 만들다, 열다		

17과 マクドナルド 맥도날드

バイト
いらっしゃいませ。ご注文を どうぞ。

まりこ
あの、チーズバーガーと ポテトと コーラを ください。

チーズバーガー 1つと ポテト 1つと コーラですか。

はい。

それなら、チーズバーガーセットに したら、
もっと やすいですが。

そうですか。じゃ、セットに します。

こちらで お召し上がりですか、お持ち帰りですか。

ここで 食べます。

全部で 540 円で ございます。
ほかに ご注文は ございませんか。

ないです。

少々 お待ちください。

맥도날드

Track 18

아르바이트	어서 오십시오. 주문하십시오.
동수	저, 치즈버거와 포테이토와 콜라 주세요.
아르바이트	치즈버거 한 개와 포테이토 하나, 콜라이시죠?
동수	네.

아르바이트	그럼, 치즈버거 세트로 하시면, 좀 더 쌉니다만.
동수	그런가요? 그럼, 세트로 하겠습니다.

아르바이트	여기서 드시겠습니까, 가지고 가시겠습니까?
동수	여기에서 먹을 겁니다.
아르바이트	전부 540엔입니다. 이외에 주문할 것은 없으십니까?

동수	없습니다.
아르바이트	잠시만 기다려 주십시오.

- [ ] 注文 [ちゅうもん] — 주문
- [ ] チーズバーガー [cheese burger] — 치즈버거
- [ ] ポテト [potato] — 포테이토, 감자
- [ ] 1つ [ひとつ] — 한 개, 하나
- [ ] コーラ [cola] — 콜라
- [ ] それなら — 그렇다면
- [ ] やすい — 싸다
- [ ] セット [set] — 세트
- [ ] 召し上がる [めしあがる] — 드시다. 잡수시다
- [ ] 持ち帰る [もちかえる] — 가지고 가다
- [ ] お持ち帰り — 포장 함
- [ ] 全部で [ぜんぶで] — 전부, 합해서
- [ ] ほか [外, 他] — 이외, 그 밖
- [ ] ござる — 있다 ある의 겸양어
- [ ] 待つ [まつ] — 기다리다

ポイント Point

1 チーズバーガー 1つと ポテト 1つと コーラですか。

1つ は 하나, 한 개의 뜻이며 一つ라고 쓰기도 한다. 숫자를 세는 법과 다르기 때문에 하나하나 외어야만 한다. 이렇게 물건을 세는 것 말고 동물이나 책, 사람을 세는 것 등 도 모두 다르므로 비교해서 잘 알아두자.

서수 일, 이, 삼··	기수 하나, 둘, 셋····	사람 한 명, 두 명··	종이, 접시 등 한 장, 두 장··
?	いくつ 몇 개	なんにん 몇 명 [何人]	なんまい 몇 장 [何枚]
1 いち	ひとつ	ひとり	いちまい
2 に	ふたつ	ふたり	にまい
3 さん	みっつ	さんにん	さんまい
4 し・よん	よっつ	よにん	よんまい
5 ご	いつつ	ごにん	ごまい
6 ろく	むっつ	ろくにん	ろくまい
7 しち・なな	ななつ	しちにん・ななにん	しちまい・ななまい
8 はち	やっつ	はちにん	はちまい
9 きゅう・く	ここのつ	きゅうにん・くにん	きゅうまい
10 じゅう	とお	じゅうにん	じゅうまい
11 じゅういち	じゅういち	じゅういちにん	じゅういちまい
12 じゅうに	じゅうに	じゅうににん	じゅうにまい

특히, 몇 개 있는지를 물어볼 때는 **いくつ**를 쓴다. 이것은 몇 개의 뜻을 나타내며, 앞에 **お~**를 붙여 나이를 의미할 때는 **몇 살** 을 나타낸다. 이와 비슷하게 금액을 물어보는 말은 **いくら**이다.

예 **りんごは いくつ ありますか。**　사과는 몇 개 있습니까?

　…▸ **とお あります。**　10개 있습니다.

　おいくつですか。　몇 살입니까?

　…▸ にじゅうごさい
　25 才です。　25살입니다.

달 1월, 2월··	시 1시, 2시··	분 1분, 2분··
なんがつ 몇 월 [何月]	なんじ 몇 시 [何時]	なんぷん 몇 분 [何分]
いちがつ	いちじ	いっぷん
にがつ	にじ	にふん
さんがつ	さんじ	さんぷん
しがつ·よんがつ	よじ	よんぷん
ごがつ	ごじ	ごふん
ろくがつ	ろくじ	ろっぷん
しちがつ·ながつ	しちじ·ななじ	ななふん
はちがつ	はちじ	はっぷん
くがつ	くじ	きゅうふん
じゅうがつ	じゅうじ	じゅっぷん·じっぷん
じゅういちがつ	じゅういちじ	じゅういっぷん
じゅうにがつ	じゅうにじ	じゅうにふん

^예 これは いくらですか。　　　이것은 얼마입니까?

…→ <ruby>千円<rt>せんえん</rt></ruby>です。　　　천 엔입니다.

■ **가격 읽는 법**

いくらですか。　얼마입니까?

…→　숫자 ✛ <ruby>円<rt>えん</rt></ruby>です　　～엔 입니다

1	じゅう	100	ひゃく	1,000	せん	10,000	いちまん
2	にじゅう	200	にひゃく	2,000	にせん	20,000	にまん
3	さんじゅう	200	さんびゃく	3,000	さんぜん	30,000	さんまん
4	よんじゅう	400	よんひゃく	4,000	よんせん	40,000	よんまん
5	ごじゅう	500	ごひゃく	5,000	ごせん	50,000	ごまん
6	ろくじゅう	600	ろっぴゃく	6,000	ろくせん	60,000	ろくまん
7	ななじゅう	700	ななひゃく	7,000	ななせん	70,000	ななまん
8	はちじゅう	800	はっぴゃく	8,000	はっせん	80,000	はちまん
9	きゅうじゅう	900	きゅうひゃく	9,000	きゅうせん	億 억	おく

위의 숫자들에 <ruby>円<rt>えん</rt></ruby>을 붙여 읽으면 되는데 3, 6, 7, 8 단위의 것들은 음이 달라지므로, 주의해서알아둔다. 그리고 <ruby>一万<rt>いちまん</rt></ruby>의 경우, 우리나라는 일만, 만을 함께 쓰지만 일본어에서는 반드시 <ruby>一万<rt>いちまん</rt></ruby>이라고 해야 한다.

^예 この すいかは いくらですか。　　　이 수박은 얼마입니까?

…→ <ruby>600円<rt>ろっぴゃくえん</rt></ruby>です。　　　600엔입니다.

2 全部で、 540円で ございます。

全部での ～では 상태를 나타내는 말로 ～로(서), ～으로써의 뜻이다.

예 私の 家族は みんなで 6人です。　　　우리 가족은 모두 여섯 명입니다.

みんなで いっしょに 映画でも 見に 行こう。　모두 함께 영화라도 보러 가자.

～で ございます는 ～で ある ～이다의 공손한 표현으로 상점 등에서 많이 사용된다.
일본에서는 흔히 쓰이는 말이므로 반드시 외어 두자. 그러면 상대방이 말할 때도 쉽
게 들을 수 있다.

～で ございます。　　～입니다

예 こちらは ホテル日航東京で ございます。
여기는 호텔 닛코 도쿄입니다.

호텔 닛코 도쿄

CDの 売り場は 2階で ございます。　CD 판매 장소는 2층입니다.

そうで ございます。　그렇습니다.

❝ 스테이크 ステーキ[steak] 굽기 정도
- レア[rare] 설익힘
- ミディアム[medium] 중간으로 익힘
- ウェルダン[well-done] 완전히 익힘

 チーズバーガーと コーラ　　を ください。

ポテト おおきいの

ステーキ

<ruby>私<rt>わたし</rt></ruby>も <ruby>同<rt>おな</rt></ruby>じ もの

[치즈버거와 콜라 / 포테이토 큰 것을 / 스테이크 / 저도 같은 것]
을(를) 주세요.

2 <ruby>市役所<rt>し やくしょ</rt></ruby>　　　で ございます。

<ruby>みずほ銀行<rt>ぎん こう</rt></ruby>

そう

[시청 / 미즈호 은행 / 그럼] 입(습)니다.

운형 연습

今の日本

- ポテトと サラダと どちらに なさいますか。

  포테이토과 샐러드 중 어느 것으로 드시겠습니까?

  ➡ 샐러드로 주세요

Track 18

맥도날드

- 여기서 드실겁니까? 가져가실 겁니까?

  ➡ 持^もち帰^{かえ}りです。

  가져갈겁니다.

- 窓際^{まどぎわ}の テーブルに して ください。

  창가 테이블로 해 주세요.

  ➡ 예, 안내해 드리겠습니다.

- 스테이크는 어느 정도로 구워드릴까요?

  ➡ ミディアムで ください。

  미디움으로 주세요

☐ ポテト [potato]	포테이토(감자튀김)
☐ サラダ [salad]	샐러드
☐ なさる	하시다 **する** 하다 의 공손한 표현
☐ 持ち帰り [もちかえり]	포장, 가져감
☐ 窓際 [まどぎわ]	창 옆
☐ テーブル [table]	식탁
☐ ミディアム [medium]	중간으로 익힘

まりこ 東洙君、どうしたの。顔色が あまり よくないわね。

東洙 ええ、ちょっと…。

まりこ 薬は 飲んだ。

いや、まだ。

それは よくないわね。早く 飲んだ ほうが いいわよ。

そうだね。クスリ屋は どこ。

私と いっしょに 買いに 行こう。

くすり屋の 中

店員 いらっしゃいませ。どんな 具合ですか。

東洙 熱が あって、体も だるいんです。

いつからですか。

ゆうべからです。

この 薬が いいですよ。食後に 飲んで ください。1300円です。

わかりました。

どうぞ おだいじに。

동사의 과거형에 대해서 공부한다. 이것은 앞에서 배운 乙형과 별다를 것이 없다. 이것 또한 마찬가지로 일정한
규칙에 따라서 활용하기만 하면 된다. 어렵다고 편식하듯이 어려운 부분을 그냥 넘어가서는 안 된다.

마리꼬	동수군, 어디 아파?
	얼굴 색이 별로 안 좋은데.
동수	응, 좀…
마리꼬	약은 먹었어?
동수	아니, 아직.

顔色 [かおいろ]	얼굴 색
よい [良い, 善い]	좋다
まだ	아직

마리꼬	그건 좋지 않아. 빨리 약을 먹는 편이 좋지.
동수	그렇지? 약국은 어디에 있어?
마리꼬	나와 함께 사러 가자.

薬 [くすり]	약
飲む [のむ]	마시다
早い [はやい]	빠르다
クスリ屋 [くすりや]	약국
いっしょに [一緒に]	함께
買う [かう]	사다

약국 안

점원	어서 오십시오. 어디가 아프십니까?
동수	열이 나고, 몸도 나른합니다.
점원	언제부터입니까?
동수	어제 저녁부터입니다.
점원	이 약이 좋겠군요. 식후에 드십시오.
	1,300엔입니다.
동수	알겠습니다.
점원	조심하십시오.

具合 [ぐあい]	상태, 컨디션
熱 [ねつ]	열
体 [からだ]	몸, 신체
だるい [怠い]	나른하다
ゆうべ [昨夜]	어제 저녁
食後 [しょくご]	식후
だいじだ [大事だ]	소중하다, 귀중하다

193

ポイント Point

1 東洙君、どうしたの。顔色が あまり よくないわね。

①どうしたは 우리말의 왜 그래? 무슨 일이야?의 뜻으로 상대방이 아파 보일 때나 무슨 일이 있는 것 같을 때 어떠한 상황인지를 물어보는 표현이다.

정중한 표현은 どうしたんですか인데 무슨 일입니까? 왜 그렇습니까? 라는 뜻으로 상대방의 대답을 기다리는 뜻으로 ～んつ 들어간다.

> 예 どうしたんですか、田中さん。　　　무슨 일 있으세요, 다나까씨?

②あまり ～ないは 별로 ～않다라는 뜻으로, 여기서는 얼굴빛이 별로 좋지 않다, 어딘가 아파 보인다라는 표현이다. よく ないは 형용사 よい의 부정어이다.

> 예 どうしたんですか、田中さん。　　왜 그러세요? 다나까씨!
> …▸ ああ、頭が いたいんです。　　아～, 머리가 아프네요.

2 薬は 飲んだ。

飲んだは 飲む의 과거형으로 자세한 사항은 동사의 과거형 ⓟ 198 을 참조하자.
飲むは 원래 마시다라는 뜻이지만, 약을 먹다라고 할 때, 食べる가 아닌 飲む를 사용하는 것에 주의하자.

> 예 このくすりは かならず 食後に 飲まなければ ならないです。
> 이 약은 반드시 식후에 먹어야만 합니다.

194

3 いや、まだ。

まだ는 아직이라는 뜻으로 もう 이미, 벌써라는 말과 호응해서 자주 쓰이는 표현이다.
또한, 상대방이 칭찬을 했을 때 겸손한 표현으로 이 말을 쓰기도 한다.

| まだ 아직 | ⟺ | もう 이미, 벌써 |

예 もう 食べた。 　　　　　　　　벌써 먹었어?

⋯▸ いや、まだ。 　　　　　　　아니, 아직 안 먹었어.

英語、すばらしいですね。 　　영어, 잘 하시네요.

⋯▸ まだまだです。 　　　　　　아직 멀었습니다.

4 早く 飲んだ ほうが いいわよ。

~した ほうが いい는 ~하는 편이 좋다, 낫다라는 뜻으로 상대방에게 조언이나 충고를
할때 쓰는 표현이다. 반대말은 ~하지 않는 편이 좋다는 뜻으로 ~しない ほうが いい라
고 하면 된다. 주의할 것은 충고를 할 때 ~하는에 해당하는 동사는 대개 과거형을 쓴다.

| ~した ほうが いい | ⟺ | ~しない ほうが いい |
| ~하는 편이 좋다, 낫다 | | ~하지 않는 편이 좋다, 낫다 |

예 少し 休んだ ほうが いいですよ。 　　　잠시 쉬는 편이 좋겠어요.

病院へ 行った ほうが いい。 　　　　　병원에 가는 것이 좋겠다.

お酒は あまり 飲まない ほうが いいです。 술은 별로 마시지 않는 편이 좋습니다.

遅刻は しない ほうが いいです。 　　　지각은 하지 않는 편이 좋답니다.

5 私と いっしょに 買いに 行こう。

조사 に는 여러 가지 의미가 있는데, 〜に 行く는 〜하러 가다라는 뜻으로 이때의 〜に는 〜하러의 의미가 된다. 동사의 **ます형** + に가 되거나 명사에 に가 바로 붙으며, 뒤에는 주로 行く가다, 来る오다, 帰る돌아오다 등의 방향을 나타내는 이동동사가 온다.

~に ✛ 行く   ~하러 가다

예 旅行しに 行きます。   여행 갑니다.

스キーに 行く。   스키 타러 가다.

本を 買いに 来ました。   책을 사러 왔습니다.

6 ゆうべからです。

昨夜는 어제 밤, 어제 저녁이라는 뜻이다. 발음이 같은 夕べ 저녁때와 구분해서 알아두자.

아침	오늘 아침	점심	저녁	오늘 밤	어제 밤
朝	今朝	昼	夜	今晩	昨夜
あさ	けさ	ひる	よる	こんばん	ゆうべ

단, 이 때에는 시간을 나타내는 조사 〜に 〜에를 붙이지 않는다.

예 私は 毎朝、パンを 食べます。   나는 매일 아침에 빵을 먹습니다.

시간조사 に는 사용하지 않음

▪ 조사 に의 여러 가지 의미

~을 타다

~을 타다에서 ~을에 해당하는 조사는 ～を가 아니라 ～に이다. 단, ～을 내리다는
그대로 ～を를 쓴다.

예 電車に 乗ります。 　　　　　　전차를 탑니다.

예 電車を 降ります。 　　　　　　전차를에서 내립니다.

때나 시간

예 毎日、11時じに 寝ます。 　　　매일 11시에 잡니다.

~에 　장소

예 りんごが テーブルの 上に ある。 사과가 책상 위에 있다.

~에게 　목표가 되는 사람

예 妹に 本を あげる。 　　　　　　여동생에게 책을 주다.

~를 만나다

예 友達に 会う。 　　　　　　　　친구를 만나다.

동사의 과거형

동사의 과거형에 대해 알아보자.

과거형도 규칙이 있으므로, 규칙대로 바꾸면 되는데, て형을 만드는 것과 비슷하다. 이미 앞에 서 ～て에 대해 공부했으므로 쉽게 할 수 있다.

예를 들어 **마시다**는 飲む이다. 그리고 이것을 て형으로 바꾸면 飲んで가 된다. **음편 현상** ⓟ 134〈동사의 て형〉참조 마지막으로 で를 だ로 바꾸어 주면 **마셨다**는 과거가 된다. だ가 과거를 나타내는 조동사이기 때문이다.

飲む 마시다 ‥‥▶	飲んで 마시고/마셔 ‥‥▶	**飲んだ** 마셨다
買う 사다 ‥‥▶	買って 사서/사 ‥‥▶	**買った** 샀다

정리해 보면, 과거형 또한 동사의 그룹에 따라 다르게 활용한다.

과거형 만들기

1그룹 동사
-く, -ぐ ‥‥▶ -いた(だ)
-む, -ぬ, -ぶ ‥‥▶ -んだ
-う, -つ, -る ‥‥▶ -った

2그룹 동사 -る ‥▶ -た -る를 떼고 -た를 붙인다.

3그룹 동사 きた, した ます형 + た 예외 2개뿐이 없다.

동사원형	과거형		활용의 규칙

1그룹 동사

활용규칙

- -く, -ぐ ···▸ -いた(だ)
- -む, -ぬ, -ぶ ···▸ -んだ
- -う, -つ, -る ···▸ -った

聞く	きいた	들었다
泳ぐ	およいだ	수영했다
飲む	のんだ	마셨다
学ぶ	まなんだ	배웠다
死ぬ	しんだ	죽었다
吸う	すった	담배를 피웠다
待つ	まった	기다렸다
ある	あった	있었다
*話す	はなした	이야기했다
*行く	いった	갔다

끝이 끝나는 것에 따라 위와 같이 바뀐다.
단, **行く**는 1그룹동사 중 예외로 -**く**로 끝났지만, -**いた**가 아니라 -**いった**로 바뀐다.

2그룹 동사

활용규칙

-**る** ···▸ -**た**
る를 떼고 **た**를 붙인다

見る	みた	보았다
食べる	たべた	먹었다
起きる	おきた	일어났다

3그룹 동사

활용규칙

ます형 + た
예외 2개뿐이 없다.

する	した	했다
来る	きた	왔다

예

順子は 京都へ 行った。　　준코는 교토에 갔다.

6時に 起きた。　　6시에 일어났다.

友達が アメリカから 来た。　　친구가 미국에서 왔다.

일본 속의 외래어
- **パン** 빵 포르투갈어
- **キムチ** 김치
- **ホッチキス**[Hotchkiss] 홋치키스 상표명
- **タバコ**[tabaco] 담배 포르투갈어

① こんばん
今晩

まいあさ
毎朝

あさしちじ
朝 7時に

でんわ
電話します。

[오늘밤에 / 매일 아침에 / 아침 7시에] 전화 하겠습니다.

② はや の
早く 飲んだ

た
たくさん 食べた

た
たくさん 食べない

す
タバコは 吸わない

ほうが いいよ。

[빨리 약을 먹는 / 많이 먹는 / 많이 먹지 않는 / 담배는 피지 않는] 편이 좋다.

③ か
いっしょに 買い

さんぽ
散歩し

せんせい あ
先生に 会い

い
に 行きます。

운형 연습

[함께 사 / 산보하 / 선생님을 만나] 러 갑니다.

- どうしましたか。

  어디가 아프십니까?

  ➡ 많이 피곤합니다.

- 감기 약 있습니까?

  ➡ この 薬を 飲んで ください。

  이 약을 드십시오.

- 服を 脱いで ください。

  옷을 벗어 주십시오.

  ➡ 네.

- 横に なって ください。

  옷을 벗어 주십시오.

- 1日 3回 飲んで ください。

  1일 3회 드십시오.

□ 薬 [くすり]	약
□ 飲む [のむ]	마시다. (약을) 먹다
□ 服 [ふく]	옷
□ 脱ぐ [ぬぐ]	벗다
□ 横 [よこ]	가로, 옆
· よこに なる 눕다	
□ 1日3回 [いちにちさんかい]	1일 3회

19과 ホテル 호텔

いらっしゃいませ。

今、チェックイン したいんですが。

ご予約は。

はい、電話で 予約しました。

恐れ入りますが、こちらに お名前と ご住所を
書いて ください。

はい。

ここに サインも お願いいたします。

すみませんが、予約した ツインを ダブルに 替えられますか。

少々 お待ちくださいませ。

あいにく 本日は 満室で ございます。

それなら けっこうです。

申し訳ございません。
それでは、お部屋に ご案内いたします。

동사의 활용형들이 나온다. 이것들은 단순히 보기만 하면 이해가 되는 것 같지만, 입에서 자유자재로
나올 수 있도록, 테이프를 들으면서 보고 쓰면서 입으로 연습하자. 그것이 일본어 학습의 왕도이다.

프론트

프론트	어서 오십시오.
동수	지금, 체크인하고 싶은데요.
프론트	예약하셨습니까?
동수	네, 전화로 예약했습니다.

☐ チェック イン [check in]	체크인
☐ 予約 [よやく]	예약
☐ 電話 [でんわ]	전화

프론트	죄송합니다만, 이쪽에 성함과 주소를 써 주십시오.
동수	네.
프론트	여기에 싸인도 해 주십시오.
동수	죄송합니다만, 예약했던 트윈을 더블로 바꿀 수 있습니까?
프론트	잠시만 기다려 주십시오…….

☐ 恐れ入る [おそれいる]	황송하다, 죄송하다
☐ 名前 [なまえ]	이름
☐ 住所 [じゅうしょ]	주소
☐ サイン [sign]	싸인
☐ ツイン [twin]	트윈
☐ ダブル [double]	더블
☐ 替える [かえる]	바꾸다
☐ 待つ [まつ]	기다리다

프론트	마침 오늘은 만실입니다.
동수	그렇다면, 괜찮습니다.
프론트	정말 죄송합니다. 그럼, 방으로 안내하겠습니다.

☐ あいにく	공교롭게도, 마침
☐ 本日 [ほんじつ]	오늘
☐ 満室 [まんしつ]	만실
☐ けっこうだ [結構だ]	괜찮다
☐ 申し訳 [もうしわけ]	변명, 여지
☐ 部屋 [へや]	방
☐ 案内 [あんない]	안내

1 電話で 予約しました。

〜では 〜로의 뜻으로, 여기서는 **방법, 수단**을 의미한다.

예 タクシーで 来^きました。　　택시로 왔습니다.

する 하다 의 과거형은 **した 했다**이다. 정중한 표현은 **します 하겠습니다**이며, 과거형은
しました 했습니다이다.

현재형		과거형	
する	하다	した	했다
します	합니다	しました	했습니다

예 携帯電話^{けいたいでんわ}で 話^{はな}しました。　　핸드폰으로 이야기했습니다.

2 恐れ入りますが。

恐^{おそ}れ入^いる는 황송하다, 죄송하다, 송구스럽다라는 뜻으로, 入^いる가 **ます**형으로 바뀌어서
入^いります가 된 것이다.
상대방에게 죄송하거나 미안할 때 사용하며, 일본인들이 자주 사용하는 말이다.

예 恐^{おそ}れ入^いりますが、今日^{きょう}の 営業時間^{えいぎょうじかん}は 終^おわりました。

죄송합니다만, 오늘의 영업시간은 끝났습니다.

3 あいにく 本日は 満室で ございます。

あいにくは 공교롭게도, 마침, 모처럼의 뜻으로 형편이 별로 좋지 않은 모양이나 상태를 의미한다.

> 예 せっかく 来(き)たのに、あいにく 誰(だれ)も いなかった。
>
> 모처럼 왔는데, 공교롭게 아무도 없었다.

本日(ほんじつ) 오늘은 今日(きょう)의 공손한 표현이다.

~です 의 공손한 표현 ⇒ ~で ございます

~で ござる ~입니다 의 ます형인 ~で ございますは ~です의 더욱 공손한 표현으로 백화점이나 호텔 등에서 손님에게 사용하는 표현이다.

4 サインも お願いいたします。

お ✛ 願(ねが)い ✛ いたします

いたすは 하다라는 뜻으로, する의 겸양어이다. 앞에서도 나왔듯이 자신을 낮추어서 결과적으로 상대방을 높이게 되는 일본어의 특징이 살아있는 표현이다.

보통어		겸양어	
する	하다	いたす	하다
食(た)べる・飲(の)む	먹다・마시다	いただく	먹다, 마시다
言(い)う	말하다	申(もう)す	말하다

동사의 가능형

동사의 가능형은 ~을 할 수 있다, ~이 가능하다는 의미로 어떤 일이 가능하거나 할 수 있다는 의미를 나타낼 때쓰인다. 이렇게 가능의 의미를 나타내는 방법은 여러 가지가 있다.

① 여기에서서처럼 동사 자체가 변화하는 방법으로 그룹에 따라 다르게 변화한다.

1그룹 동사	-く, -ぐ	⋯▶	-ける, -げる
	-む, -ぬ, -ぶ	⋯▶	-める, -ねる, -べる
	-う, -つ, -る, -す	⋯▶	-える, -てる, -れる, -せる

2그룹 동사 -る ⋯▶ -られる -る를 때고 -られる를 붙인다.

3그룹 동사 できる, こられる 예외 2개뿐이 없다.

	동사원형	가능형		활용의 규칙
1그룹 동사	書^かく	かける	쓸 수 있다	-く, -ぐ ⋯▶ -ける, -げる
	聞^きく	きける	들을 수 있다	-む, -ぬ, -ぶ ⋯▶ -める, -ねる, -べる
	飲^のむ	のめる	마실 수 있다	-う, -つ, -る, -す ▶ -える, -てる,
	学^{まな}ぶ	まなべる	배울 수 있다	-れる, -せる
	吸^すう	すえる	피울 수 있다	
	待^まつ	まてる	기다릴 수 있다	-u음으로 끝나는 단어들을 -e음 으로 바꾸고 -ru를 붙인다.
	泳^{およ}ぐ	およげる	수영할 수 있다	따라서 가능동사들은 모두 2그룹
	話^{はな}す	はなせる	말할 수 있다	동사로 변하게 된다.
	行^いく	いける	갈 수 있다	
2그룹 동사	見^みる	みられる	볼 수 있다	-る ⋯▶ -られる
	食^たべる	たべられる	먹을 수 있다	-る를 때고 -られる를 붙인다
	起^おきる	おきられる	일어날 수 있다	
3그룹 동사	する	できる	할 수 있다	예외 동사로 2개뿐이 없다.
	来^くる	こられる	올 수 있다	규칙이 없으므로 그냥 외우자.

예 順子は 京都へ 行ける。 　　　　　　　준코는 교토에 갈 수 있다.

　　6時には 起きられます。 　　　　　　　6시에는 일어날 수 있습니다.

　　私は 牛肉が 食べられない。 　　　　　나는 소고기를 먹을 수 없다.

② 명사 + が できる의 표현으로 ~을 할 수 있다의 뜻이다. 이 때, ~을 에 해당하는 조사는
　~를가 아니라 ~가를 씀에 주의를 해야 한다. 부정할 때는 ~ が できません이라고 하면 된
　다. 이것은 ~을 할 수 없습니다의 뜻으로 불가능이나 금지를 나타낸다.

예 あなたは 日本語が できますか。 　　　당신은 일본어를 할 수 있습니까?

　⋯▶ はい、できます。 　　　　　　　　　네, 할 수 있습니다.

　　運転が できる。(↗) 　　　　　　　　운전을 할 수 있니?

　⋯▶ いえ、できない。 　　　　　　　　　아니, 할 수 없어.

③ 동사 + ことが できる의 표현으로 ~하는 것을 할 수 있다의 뜻으로, 능력이나 가능성 등을
　표현한다.

예 私は 日本語を 読む ことが できます。 　나는 일본어를 읽을 수 있습니다.

　　運転する ことが できる。 　　　　　　운전할 수 있다.

　　泳ぐ ことが できません。 　　　　　　수영을 할 수 없습니다.

위의 세 가지 표현들은 거의 같은 뜻이므로, 무엇을 써야하나 고민하지 말고 자신이
사용하고 싶은 표현을 쓰면 된다.

악기

- **ピアノ** [piano] 피아노
- **ギター** [guitar] 기타
- **バイオリン** [violin] 바이올린

- **ドラム** [drum] 드럼
- **笛** [ふえ] 피리
- **チェロ** [cello] 첼로

1

恐(おそ)れ入(い)りますが、

今(いま)は 行(い)けません
それは ちょっと
今日(きょう)は 満室(まんしつ)です

죄송합니다만, [지금은 갈 수 없습니다 / 그것은 좀…할 수 없습니다 / 오늘은 만실입니다.]

2

ピアノ
ギター
チェロ

が 弾(ひ)けますか。

[피아노 / 기타 / 첼로] 를 칠 수 있습니까?

3

ダブルに 替(か)える
ドルに 換(か)える
ピアノを 弾(ひ)く

ことが できますか。

문형 연습

[더블로 바꿀 / 달러로 교환할 / 피아노를 칠] 수 있습니까?

今の日本

- **チェックイン できますか。**
  체크인 할 수 있습니까?   ➡ 네, 가능합니다.

Track 20

- **チェックアウト したいんですが。**
  체크아웃하고 싶습니다만.   ➡ 네, 알겠습니다.

- **예약하셨습니까?**
  ➡ **はい、ツインを 予約して ありますが。**
  네, 트윈을 예약했습니다만.

- **モーニング・コールを お願いします。**
  모닝콜을 부탁합니다.
  ➡ 네, 알겠습니다.

캡슐호텔

- **食堂は 何時 に 開きますか。**
  식당은 몇 시에 엽니까?
  ➡ 매일 아침 6시에 엽니다.

☐ **チェック イン** [check in]	체크인	☐ **モーニング・コール** [morning call]	모닝콜
☐ **できる** · ピアノが できますか	할 수 있다 피아노를 칠 수 있습니까?	☐ **食堂** [しょくどう]	식당
☐ **チェック アウト** [check out]	체크아웃	☐ **何時** [なんじ]	몇 시
☐ **ツイン** [twin]	트윈	☐ **開く** [あく]	열리다
☐ **予約する** [よやくする]	예약하다		

동사 활용표

동사활용표		会う 만나다	書く 쓰다	泳ぐ 헤엄치다	死ぬ 죽다
미연형	ない형	あわない	かかない	およがない	しなない
	사역형	あわせる	かかせる	およがせる	しなせる
	수동형	あわれる	かかれる	およがれる	しなれる
	추측형	あおう	かこう	およごう	しのう
	권유형	あおう	かこう	およごう	しのう
	의지형	あおう	かこう	およごう	しのう
연용형	ます형	あいます	かきます	およぎます	しにます
	중지형	あって	かいて	およいで	しんで
	과거형	あった	かいた	およいだ	しんだ
종지형		あう	かく	およぐ	しぬ
연체형		あう	かく	およぐ	しぬ
가정형		あえば	かけば	およげば	しねば
		あったら	かいたら	およいだら	しんだら
명령형		あえ	かけ	およげ	しね
가능형		あえる	かける	およげる	しねる

* 동사의 추측형은 문어체로 현재는 거의 사용하지 않는다.

		2그룹 동사		3그룹 동사	
동사활용표		起きる 일어나다	食べる 먹다	する 하다	来る 오다
미연형	ない형	おきない	たべない	しない	こない
	사역형	おきさせる	たべさせる	させる	こさせる
	수동형	おきられる	たべられる	される	こられる
	추측형	おきよう	たべよう	しよう	こよう
	권유형	おきよう	たべよう	しよう	こよう
	의지형	おきよう	たべよう	しよう	こよう
연용형	ます형	おきます	たべます	します	きます
	중지형	おきて	たべて	して	きて
	과거형	おきた	たべた	した	きた
종지형		おきる	たべる	する	くる
연체형		おきる	たべる	する	くる
가정형		おきれば	たべれば	すれば	くれば
		おきたら	たべたら	したら	きたら
명령형		おきろ	たべろ	しろ	
		おきよ	たべよ	せよ	こい
가능형		おきられる	たべられる	できる	こられる

い형용사 · な형용사 활용표

い형용사 활용표		어간	어미 い	접속어
미연형	추측형	어간	かろ	う
연용형	부정형(ない형)	어간	く	ない
	과거형	어간	かっ	た
	부사형	어간	く	용언 なる·する
	중지형	어간	く	
종지형		어간	い	문장을 끝맺음
연체형		어간	い	체언
가정형		어간	けれ	ば
명령형			X	

な형용사 활용표		어간	어미 だ	접속어
미연형	추측형	어간	だろ	う
연용형	부정형(ない형)	어간	では	ない
	과거형	어간	だっ	た
	부사형	어간	に	용언 なる·する
	중지형	어간	で	
종지형		어간	だ	문장을 끝맺음
연체형		어간	な	체언
가정형		어간	なら	
명령형			X	

경어의 종류

보통어		존경어		겸양어	
いる	있다	いらっしゃる おいでに なる	계시다 가시다 오시다	おる まいる あがる	있다 가다 오다
行く	가다				
来る	오다				
する	하다	なさる	하시다	いたす	하다
言う	말하다	おっしゃる	말씀하시다	申す 申し上げる	말하다
食べる	먹다	めしあがる	잡수시다	いただく	먹다 마시다 받다
飲む	마시다		드시다		
もらう	받다	おもらいに なる	받으시다		
見る	보다	ご覧に なる	보시다	拝見する	보다
聞く	묻다	お聞きに なる	물으시다	うかがう	여쭈다
聞く	듣다	お聞きに なる	들으시다	うけたまわる	듣다
知る	알다	ご存じだ	아시다	存じる	알다
貸す	빌려주다	お貸しに なる	빌려주시다	お貸しする	빌려주다
借りる	빌다	お借りに なる	빌려받으시다	拝借する	빌다
会う	만나다	お会いに なる	만나시다	お目に かかる	만나뵙다
見せる	보여주다	お見せに なる	보여주시다	お目に かける	보여드리다
やる	주다			さしあげる	드리다
くれる	주다	くださる	주시다		

중요 외래어

★는 중요 어휘임

★アジア	ASIA	아시아	★コンピューター	COMPUTER	컴퓨터
アメリカ	AMERICA	미국	サービス	SERVICE	서비스
アルバイト	ARBEIT 독일어	아르바이트	★シャツ	SHIRT	셔츠
★エレベーター	ELEVATOR	엘리베이터	スーパー	SUPERMARKET	슈퍼마켓
カーテン	CURTAIN	커튼	ズボン	JUPON 프랑스	바지
★カメラ	CAMERA	카메라	★スプーン	SPOON	숟가락
★カレンダー	CALENDAR	달력	★スポーツ	SPORTS	스포츠
★クラス	CLASS	클래스, 등급	★スリッパ	SLIPPERS	슬리퍼
グループ	GROUP	그룹	★セーター	SWEATER	스웨터
ケーキ	CAKE	케익	★ゼロ	ZERO	0, 제로
★コーヒー	COFFEE	커피	ソウル	SEOUL	서울
★コップ	CUP	컵	タワー	TOWER	타워
コピー	COPY	복사	チーム	TEAM	팀

★テーブル	TABLE	테이블
テープ	TAPE	테이프
ナイフ	KNIFE	칼
ニュース	NEWS	뉴스
★ネクタイ	NECKTIE	넥타이
★ハンカチ	HANDKERCHIEF	손수건
★パーティー	PARTY	파티
ハンドバッグ	HANDBAG	핸드백
ビル(ディング)	BUILDING	건물, 빌딩
★ ビール	BEER	맥주
フィルム	FILM	필름
★ フォーク	FORK	포크
プレゼント	PRESENT	선물

プール	POOL	풀, 수영장
★ベッド	BED	침대
ページ	PAGE	페이지
ベル	BELL	벨
ボールペン	BALLPEN	볼펜
★ボタン	BUTTON	버튼
★ポケット	POCKET	포켓, 주머니
★ラジオ	RADIO	라디오
★レストラン	RESTAURANT	레스토랑
ヨーロッパ	EUROPE	유럽
ワープロ	WORD PROCESSOR	워드프로세서

너무 많지 않은 꼭 필요한 분량의 쓰기연습

너무 많지도 적지도 않게 쓰며 외우기 적당한 분량만을 제시하여 지겹지 않게 확실히 외우고 연습할 수 있도록 하였다.

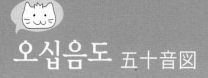

오십음도 五十音図

ひらがな

	あ단	い단	う단	え단	お단
あ행	あ 아 a	い 이 i	う 우 u	え 에 e	お 오 o
か행	か 카 ka	き 키 ki	く 쿠 ku	け 케 ke	こ 코 ko
さ행	さ 사 sa	し 시 shi	す 스 su	せ 세 se	そ 소 so
た행	た 타 ta	ち 치 chi	つ 츠 tsu	て 테 te	と 토 to
な행	な 나 na	に 니 ni	ぬ 누 nu	ね 네 ne	の 노 no
は행	は 하 ha	ひ 히 hi	ふ 후 fu	へ 헤 he	ほ 호 ho
ま행	ま 마 ma	み 미 mi	む 무 mu	め 메 me	も 모 mo
や행	や 야 ya	い	ゆ 유 yu	え	よ 요 yo
ら행	ら 라 ra	り 리 ri	る 루 ru	れ 레 re	ろ 로 ro
わ행	わ 와 wa	い	う	え	を 오 o

ん
응 n·m·ŋ·N

カタカナ

	ア단	イ단	ウ단	エ단	オ단
ア행	ア 아 a	イ 이 i	ウ 우 u	エ 에 e	オ 오 o
カ행	カ 카 ka	キ 키 ki	ク 쿠 ku	ケ 케 ke	コ 코 ko
サ행	サ 사 sa	シ 시 shi	ス 스 su	セ 세 se	ソ 소 so
タ행	タ 타 ta	チ 치 chi	ツ 츠 tsu	テ 테 te	ト 토 to
ナ행	ナ 나 na	ニ 니 ni	ヌ 누 nu	ネ 네 ne	ノ 노 no
ハ행	ハ 하 ha	ヒ 히 hi	フ 후 fu	ヘ 헤 he	ホ 호 ho
マ행	マ 마 ma	ミ 미 mi	ム 무 mu	メ 메 me	モ 모 mo
ヤ행	ヤ 야 ya	イ	ユ 유 yu	エ	ヨ 요 yo
ラ행	ラ 라 ra	リ 리 ri	ル 루 ru	レ 레 re	ロ 로 ro
ワ행	ワ 와 wa	イ	ウ	エ	ヲ 오 o

ン
응 n·m·ŋ·N

*위의 영어발음 표기는 헤본식 ヘボン式 표기로
여권 등에 사용하는 공식표기법이다.

1

ひらがな 1.청음

청음이란, 일본어의 오십음도에 나와 있는 음들을 말한다.
성대에 손을 대고 발음을 해보면 거의 떨림이 없이 일정하다는
것을 알 수 있다.

あ행

あ a
あ
安 1획과 2획이 직선이 되지 않도록 둥글둥글하게 쓴다.
あめ 사탕

い i
い
以 り가 되지 않도록 왼쪽 획은 길고 오른쪽 획은 짧게 쓴다.
いちご 딸기

う u
う
宇 1획을 작게 하고 2획이 ㄱ과 같이 꺾이지 않도록 쓴다.
うどん 우동

え e
え
衣 △형의 모양으로 1획의 점은 중앙의 위에 작게 찍는다.
えき 역

お o
お
於 1획은 짧게 긋고 2획은 수직선을 길게 내려 그은 다음 삐쳐 올린다.
おでん 오뎅

か행

か ka
か
加 1획의 처음 부분을 힘있게 시작하여 직각이 되지 않도록 둥글게 쓴다.
かさ 우산

き ki
き
幾 1획은 2획보다 짧게 쓰고 3획의 끝부분이 멈춰지도록 한다.
きもの 기모노

く ku
く
久 가운데 부분에서 힘을 약간 뺀다음 꺾이지 않게 쓴다.
くすり 약

け ke	け	けいさつ 경찰
	計 □형의 모양으로 1획은 끝부분을 삐쳐 올리며 3획은 약간 길게 뺀다.	
こ ko	こ	こたつ 고다츠
	己 1획은 2획보다 짧다. 2획의 끝부분은 눌러서 멈춘다.	
さ행 **さ** sa	さ	さしみ 사시미 회
	左 한 획으로 연결된 것 같이 쓴다.	
し shi	し	しお 소금
	之 한 번에 선을 긋는다. 아래 부분이 꺾이지 않도록 한다.	
す su	す	すし 스시 초밥
	寸 1획을 길게 하고 2획은 내려 긋다가 한 바퀴 돌려 뺀다.	
せ se	せ	せいと 학생
	世 1획을 약간 올려 길게 긋고 3획은 둥글게 쓰다가 멈춘다.	
そ so	そ	そば 메밀국수
	曾 마름모꼴이 되도록 2획을 길게 쓰되 단숨에 쓴다.	
た행 **た** ta	た	たこやき 다꼬야끼
	太 1획을 짧게 살짝 올리고, 2획은 비스듬히 길게 쓴다.	
ち chi	ち	ちず 지도
	知 さ와 혼동하지 않도록 2획을 시계방향으로 돌려 뺀다.	

つ tsu	つ		**つき** 달
	川 힘있게 펜을 대고 단숨에 시계방향으로 돌려 뺀다.		
て te	て		**てがみ** 편지
	天 ▽형 모양의 글자로 약간 올려 쓰다가 반대쪽 방향으로 꺾어 긋는다.		
と to	と		**とうふ** 두부
	止 1획은 약간 비스듬히 내려 긋고 2획은 균형이 잡히게 둥글게 받쳐준다.		
な행 **な** na	な		**なまビール** 생맥주
	奈 3획과 4획은 한 획처럼 둥글게 돌려 내려 쓰고 끝을 멈춘다.		
に ni	に		**にじ** 무지개
	仁 □형 글자로 1획은 끝을 삐쳐 올리고, 2획과 3획의 간격이 좁지 않게 한다.		
ぬ nu	ぬ		**ぬいぐるみ** 봉제인형
	奴 1획은 비스듬히 쓰고 2획은 단숨에 두바퀴를 돌려 쓴다.		
ね ne	ね		**ねぎ** 파
	禰 1획은 수직으로 내려 긋고 2획은 단숨에 시계방향 으로 그어 멈춘다.		
の no	の		**のりまき** 김밥
	乃 1획으로 대각선을 긋고 단숨에 시계방향으로 돌려 뺀다.		
は행 **は** ha	は		**はし** 젓가락
	波 1획은 내려긋다가 삐쳐 올리고, 2획과 3획은 1획의 위아래 범위에 맞추어 쓴다.		

ひ hi	ひ	ひこうき 비행기
	比 시계 반대방향으로 꺾어 둥글게 하고 끝부분은 밑으로 꺾어 내려 멈춘다.	

ふ fu	ふ	ふとん 이불
	不 △형 글자로 1획의 점을 힘주어 찍고 2획은 부드럽게 곡선을 그린다.	

へ he	へ	へや 방
	部 누운 직사각형의 모양으로 1획으로 쓴다.	

ほ ho	ほ	ほし 별
	保 □형 글자로 1획은 아래로 그어 삐쳐 올린다.	

ま행

ま ma	ま	まくら 베개
	末 직사각형 글자로 1획은 2획보다 길게 쓴다.	

み mi	み	みかん 귤
	美 △형 글자로 1획 부분은 짧게 한다. 2획은 너무 길지 않게 쓴다.	

む mu	む	むすこ 아들
	武 □형 글자로 2획은 단숨에 돌려야하고 3획은 약간 높은 위치에 찍는다.	

め me	め	めがね 안경
	女 1획은 비스듬히 짧게 내리고 2획은 시계방향으로 단숨에 돌려 쓴다.	

も mo	も	もも 복숭아
	毛 1획은 붓을 눌러 단숨에 긋고, 2·3획은 비스듬히 짧게 쓴다.	

や행	**や** ya	や	也 1, 2, 3획을 이어 쓰듯이 연결하여 쓴다.	やま 산
	ゆ yu	ゆ	由 1획은 단숨에 돌려 가운데로 길게 뺀다.	ゆかた 유카타 일본 전통 의상
	よ yo	よ	与 1획은 수평으로 짧게 긋고 2획은 수직으로 내려 긋다 둥글게 한 다음 멈춘다.	よる 밤
ら행	**ら** ra	ら	良 う가 되지 않도록 유의한다.	らーめん 라면
	り ri	り	利 2획보다 1획의 길이를 짧게 수직으로 내린다. い가 되지 않도록 한다.	りんご 사과
	る ru	る	留 1획을 짧게 긋고 꺾어 내리다가 시계방향으로 돌린다.	るす 부재중
	れ re	れ	礼 ね, わ와 혼동하지 않도록 한다.	れいぞうこ 냉장고
	ろ ro	ろ	呂 る와 비슷하게 쓰다가 끝부분을 뺀다. 3자처럼 되지 않도록 한다.	ろうそく 촛불
わ행·ん	**わ** wa	わ	和 1획을 내려긋고 시계방향으로 돌려 뺀다. ね, れ의 구별에 유의한다.	わりばし 나무젓가락

を o	を				そらを みる 하늘을 보다
	遠　1획을 짧게 긋고 2획은 영어의 h자처럼 쓴 다음, 3획으로 균형을 잡는다.				
ん n·m·ŋ·N	ん				かばん 가방
	无　△형모양의 글자로 영어의 필기체 h자처럼 쓰되 밖으로 넉넉하게 뺀다.				

ひらがな　2.탁음

탁음이란, か・さ・た・は행의 오른쪽 윗부분에 탁점 [゛]을 찍어 흐린 소리가 나오는 것을 말한다.

が행

| が
ga | が | | | | がっこう
학교 |
| | か의 오른쪽 어깨에 탁점(゛)을 찍는다. | | | | |

| ぎ
gi | ぎ
ぎんこう 은행 | ぐ
gu | ぐ
ぐあい [具合] 상태 |

| げ
ge | げ
げた 게따  | ご
go | ご
ごみばこ 쓰레기통 |

ざ행

| ざ
za | ざ | | | | ざるそば
자루소바 |
| | さ 의 오른쪽 어깨에 탁점(゛)을 찍는다. | | | | |

| じ
ji | じ
じかん 시간 | ず
zu | ず
すずめ [雀] 참새 |

| ぜ
ze | げ
ぜひ 꼭 | ぞ
zo | ぞ
ぞう [象] 코끼리 |

だ행	だ da	だ			だいこん 무

た의 오른쪽 어깨에 탁점(ﾞ)을 찍는다.

ぢ ji	ぢ	ちぢむ 줄어들다	づ zu	づ	つづく 계속되다
で de	で	でぐち 출구	ど do	ど	どうぶつ 동물

ば행	ば ba	ば			ばか 바보, 멍청이

は 의 오른쪽 어깨에 탁점(ﾞ)을 찍는다

び bi	び	はなび 불꽃놀이	ぶ bu	ぶ	ぶらんこ 그네
べ be	べ	べんとう 도시락	ぼ bo	ぼ	ぼく 나

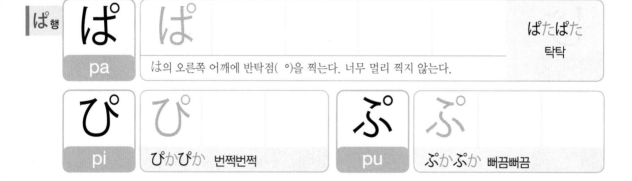

ひらがな 3.반탁음

반탁음이란, は행의 오른쪽 윗부분에 반탁점 [ﾟ]을 찍어 나타내며 된소리로 발음한다.

ぱ행	ぱ pa	ぱ			ぱたぱた 탁탁

は의 오른쪽 어깨에 반탁점(ﾟ)을 찍는다. 너무 멀리 찍지 않는다.

ぴ pi	ぴ	ぴかぴか 번쩍번쩍	ぷ pu	ぷ	ぷかぷか 뻐끔뻐끔

ぺ	ぺ		ぽ	ぽ
pe	ぺこぺこ 굽실굽실		po	ぽかぽか 포근포근

ひらがな 4.요음

요음이란, い단의 자음 즉, き·ぎ·し·じ·ち·に·ひ·び·ぴ·み·り에 작은 ゃ·ゅ·ょ를 오른쪽 밑에 붙여서 짧게 한음절로 발음한다.

きゃ	きゃ		ぎゃ	ぎゃ
kya 캬	きゃく[客] 손님		gya 갸	ぎゃく 반대
きゅ	きゅ		ぎゅ	ぎゅ
kyu 큐	きゅうか[休暇] 휴가		gyu 규	ぎゅうにゅう[牛乳] 우유
きょ	きょ		ぎょ	ぎょ
kyo 쿄	きょねん[去年] 작년		gyo 교	ぎょうれつ 행렬 : 열을 지어서 걸음
しゃ	しゃ		じゃ	じゃ
sha 샤	しゃしん[写真] 사진		ja 쟈	じゃがいも 감자
しゅ	しゅ		じゅ	じゅ
shu 슈	しゅみ[趣味] 취미		ju 쥬	じゅうしょ[住所] 주소
しょ	しょ		じょ	じょ
sho 쇼	しょくじ[食事] 식사		jo 죠	じょせい[女性] 여성
ちゃ	ちゃ		ぢゃ	ぢゃ
cha 챠	ちゃ[お茶] 차		ja 쟈	

ちゅ chu 츄	ちゅ ちゅうもん [注文] 주문	**ぢゅ** ju 쥬	ぢゅ	
ちょ cho 쵸	ちょ ちょうかん [朝刊] 조간	**ぢょ** jo 죠	ぢょ	
にゃ nya 냐	にゃ こんにゃく 곤약	**ひゃ** hya 햐	ひゃ ひゃく [百] 100	
にゅ nyu 뉴	にゅ にゅうがく [入学] 입학	**ひゅ** hyu 휴	ひゅ	
にょ nyo 뇨	にょ てんにょ [仙女] 선녀	**ひょ** hyu 효	ひょ ひょうき [表記] 표기	
びゃ bya 뱌	びゃ さんびゃく [三百] 300	**ぴゃ** pya 퍄	ぴゃ ろっぴゃく [六百] 600	
びゅ byu 뷰	びゅ びゅうびゅう 휙~ 휙~	**ぴゅ** pyu 퓨	ぴゅ ぴゅうぴゅう 바람소리가 씽~ 씽~	
びょ byo 뵤	びょ びょういん [病院] 병원	**ぴょ** pyo 표	ぴょ ぴょんぴょん 깡총깡총	
みゃ mya 먀	みゃ みゃく [脈] 맥	**りゃ** rya 랴	りゃ りゃくず [略図] 약도	

みゆ	みゆ	りゆ	りゆ
myu 뮤		ryu 류	りゅうこう 유행
みよ	みよ	りょ	りょ
myo 묘	みょうじ [名字] 성	ryo 료	りょこう [旅行] 여행

カタカナ　1.청음

청음이란, 일본어의 오십음도에 나와 있는 음들을 말한다. 성대에 손을 대고 발음을 해보면 거의 떨림이 없이 일정하다는 것을 알 수 있다.

ア행

ア	ア
a	阿　マ와 혼동하지 않게 한다.

イ	イ	ウ	ウ
i	伊	u	宇

エ	エ	オ	オ
e	江	o	於

カ행

カ	カ
ka	加　1획과 2획은 쌍을 이루도록 하고 力자를 쓰듯이 한다.

キ	キ	ク	ク
ki	幾	ku	久

ケ	ケ	コ	コ
ke	介	ko	己

サ행 **サ** sa — サ
散 2획은 똑바로 내려 긋고 3획은 비스듬히 세로로 내려 긋는다.

シ shi — シ
之

ス su — ス
須

セ se — セ
世

ソ so — ソ
曾

タ행 **タ** ta — タ
多 1획과 2획은 쌍을 이루도록 하고 가운데 점이 중앙에 오도록 한다. ク와 혼동 유의.

チ chi — チ
千

ツ tsu — ツ
川

テ te — テ
天

ト to — ト
止

ナ행 **ナ** na — ナ
奈 2획은 약간 왼쪽으로 휘도록 내려긋는다.

ニ ni — ニ
二

ヌ nu — ヌ
奴

ネ ne — ネ
祢

ノ no — ノ
乃

ハ행	ハ ha	ハ 八 한자의 八가 되지 않게 한다.				
	ヒ hi	ヒ 比	フ fu	フ 不		
	ヘ he	ヘ 部	ホ ho	ホ 保		
マ행	マ ma	マ 末	ミ mi	ミ 三		
	ム mu	ム 牟	メ me	メ 女	モ mo	モ 毛
ヤ행	ヤ ya	ヤ 也	ユ yu	ユ 由	ヨ yo	ヨ 与
ラ행	ラ ra	ラ 良	リ ri	リ 利		
	ル ru	ル 流	レ re	レ 礼	ロ ro	ロ 呂
ワ행·ン	ワ wa	ワ 和	ヲ o	ヲ 乎	ン n·m·ŋ·N	ン 爾

カタカナ　2.탁음

탁음이란, カ・サ・タ・ハ행의 오른쪽 윗 부분에 탁점 [゛]을 찍어 흐린 소리가 나오는 것을 말한다.

ガ행	ガ ga	ガ	ギ gi	ギ		
	グ gu	グ	ゲ ge	ゲ	ゴ go	ゴ
ザ행	ザ za	ザ	ジ ji	ジ		
	ズ zu	ズ	ゼ ze	ゼ	ゾ zo	ゾ
ダ행	ダ da	ダ	ヂ ji	ヂ		
	ヅ zu	ヅ	デ de	デ	ド do	ド
バ행	バ ba	バ	ビ bi	ビ		
	ブ bu	ブ	ベ be	ベ	ボ bo	ボ

カタカナ　3.반탁음

반탁음이란, ハ 행의 오른쪽 윗부분에 반탁점 [゜]을 찍는다.

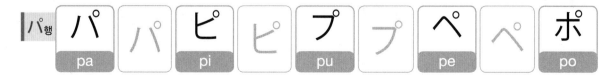

| パ행 | パ pa | パ | ピ pi | ピ | プ pu | プ | ペ pe | ペ | ポ po |

カタカナ

4.요음

요음이란, イ단의 자음 즉, キ・ギ・シ・ジ・チ・ニ・ヒ・ビ・ピ・ミ・リ에 작은 ャ・ュ・ョ를 오른쪽 밑에 붙여서 짧게 한음절로 발음한다.

キャ kya	キャ	ギャ gya	ギャ	シャ sha	シャ	ジャ ja	ジャ
キュ kyu	キュ	ギュ gyu	ギュ	シュ shu	シュ	ジュ ju	ジュ
キョ kyo	キョ	ギョ gyo	ギョ	ショ sho	ショ	ジョ jo	ジョ
チャ cha	チャ	ヂャ ja	ヂャ	ニャ nya	ニャ	ヒャ hya	ヒャ
チュ chu	チュ	ヂュ ju	ヂュ	ニュ nyu	ニュ	ヒュ hyu	ヒュ
チョ cho	チョ	ヂョ jo	ヂョ	ニョ nyo	ニョ	ヒョ hyo	ヒョ
ビャ bya	ビャ	ピャ pya	ピャ	ミャ mya	ミャ	リャ rya	リャ
ビュ byu	ビュ	ピュ pyu	ピュ	ミュ myu	ミュ	リュ ryu	リュ
ビョ byo	ビョ	ピョ pyo	ピョ	ミョ myo	ミョ	リョ ryo	リョ

저자 약력 김인숙

일본 도야마현 초청연수
덕성여대 일어일문학과 졸업

現 도야마현 富山県 명예대사

저서 제대로 된 일본어 첫걸음
　　 싱싱 일본어 회화 첫걸음
　　 정말 쉬운 일본어 회화,
　　 엔화사냥
　　 여행 일본어 여행자 여러분 실제상황입니다!
　　 왕초짜 여행 일본어 외 다수

동인랑 일본어

카카오플러스에서 1:1 상담으로
함께 공부하세요!

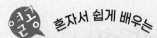

혼자서 쉽게 배우는

일본어 첫걸음

저자 김인숙
3판 1쇄 2024년 8월 25일
Editorial Director 김인숙
Printing 삼덕정판사

감수 오오이 히데아키
발행인 김인숙
Cover Designer 김미선

녹음 오오이 히데아키 · 스즈키 미치코
발행처 (주)동인랑

139-240
서울시 노원구 공릉동 653-5
대표전화 02-967-0700
팩시밀리 02-967-1555
출판등록 제 6-0406호
ISBN 978-89-7582-680-1

(주)동인랑에서는 참신한 외국어 원고를 모집합니다.